LE

MYSTÈRE ... ON

AGLAOPHAMOS

PAR

LOUIS PRAT

Avec une préface de Ch. RENOUVIER

PARIS

FÉLIX ALCAN, ÉDITEUR

ANCIENNE LIBRAIRIE GERMER BAILLIERE ET Cⁱᵉ

108, BOULEVARD SAINT-GERMAIN, 108

1901

LE MYSTÈRE DE PLATON

AGLAOPHAMOS

LE

MYSTÈRE DE PLATON

AGLAOPHAMOS

PAR

LOUIS PRAT

Avec une préface de Ch. RENOUVIER

PARIS

FÉLIX ALCAN, ÉDITEUR

ANCIENNE LIBRAIRIE GERMER BAILLIÈRE ET Cⁱᵉ

108, BOULEVARD SAINT-GERMAIN, 108

1901

A

CHARLES RENOUVIER

AU MAITRE

A L'AMI

PRÉFACE

Il faut que le dialogue philosophique soit un genre bien difficile pour n'avoir produit que rarement de ces chefs-d'œuvre dans lesquels le génie littéraire s'associe à l'explication et à la défense d'une forte thèse dont l'auteur n'entend abandonner aucun de ses avantages, ni prêter à ses adversaires des arguments trop spécieux, ou une vivante attitude de combat, capable d'intéresser le lecteur. C'est qu'à la difficulté déjà grande d'unir au raisonnement le sentiment indispensable à une œuvre d'art, et à l'argumentation la passion, il s'en ajoute une autre, très insidieuse pour le philosophe, et qu'il ne surmonte à peu près jamais, parce qu'il est toujours d'humeur trop dogmatique. L'auteur d'un dialogue philosophique, c'est-à-dire de l'imitation et de la fiction d'une controverse, s'il laisse voir son dogmatisme en ne sachant pas s'empêcher de dissimuler ou d'affaiblir les objections qu'il met dans la bouche d'un interlocuteur pour les combattre, manque à la première condition de l'œuvre d'art, le désintéressement. Il ne nous touche plus autrement qu'il ferait par l'exposition toute simple de ses pensées, son dialogue n'a plus le caractère esthétique.

Au fond, c'est même contre la philosophie, et non pas seulement contre une règle de l'art, que pèchent les dialogues dont les interlocuteurs ne présentent pas sincèrement et ne défendent pas dans leurs parties spécieuses, dans celles qui leur ont valu des adhérents, les doctrines dont l'auteur les prend pour les représentants. Il y aurait un grand avantage pour la méthode, pour le progrès des systèmes en précision et en exactitude, pour l'éclaircissement réciproque des principes dont dépendent les plus sérieuses opinions contendantes en philosophie, à ce que des œuvres de polémique philosophique, — et tels sont bien les dialogues, — eussent pour loi la plus franche présentation et la défense la plus intelligente possible des idées des adversaires auxquels l'auteur prête la parole. Il est vrai que le dogmatisme, ni celui qui se réclame de la révélation, ni celui qui prétend à l'évidence, ne peuvent aisément subir cette exigence esthétique, parce qu'il se mêle toujours une certaine mauvaise foi, de celle qu'on appelle intellectuelle, pour ne risquer pas de la calomnier, dans la manière dont un philosophe a coutume de traduire ou d'interpréter toute opinion qui n'est pas la sienne. Il y a une philosophie seulement, une seule, à laquelle il est possible, et qui peut du moins essayer, avec une bonne volonté parfaite, de pénétrer profondément, jusqu'à sa raison d'être, et de formuler dans ce qu'elle peut offrir de plus fort à un esprit en quête de vérité, chacune de ces doctrines principales qui ont régné ou qui règnent encore, plus ou moins transformées, dans le monde. Cette philosophie est le néocriticisme, parce que, ne regardant pas les vérités d'ordre transcendant comme susceptibles d'une démonstration proprement dite, sans pétition de principe, ou les premiers principes comme des objets d'affirmation nécessaire, irrécusable, elle cherche l'ultime appui de chaque doctrine dans une croyance demeurée toujours libre au fond. Les croyances fondamentales sont diverses et se classent comme mutuellement contradictoires. Il y a donc un intérêt supérieur à les reconnaître pour les étudier et approfondir les motifs logiques et moraux de préférer les unes aux autres.

La position du néocriticisme, à l'encontre des systèmes courants qui, soit ouvertement, soit comme il ressort de l'apparence qu'ils se donnent par leurs façons de s'exposer et de se défendre, prétendent à l'irrésistible démonstration, est celle d'une philosophie critique prise en un sens qui commence à peine à être compris en philosophie : celui d'une investigation conduite à des conclusions fermes. Et observons, en passant, que ce criticisme diffère essentiellement du criticisme kantien, car l'auteur de la *Critique de la Raison pure* se déclarait dans l'impuissance d'arriver à des conclusions dernières, simples et nettes, à l'aide des mêmes méthodes, du même principe et du même genre de raisonnements dont il usait et auxquels il se fiait naturellement dans le cours des *deux critiques* principales, et dans l'examen des *deux raisons*. Le néocriticisme conserve l'unité de la *raison* et ne consent ni à l'opposer à l'*entendement*, ni à lui trouver différentes lois, suivant qu'il s'agit de la théorie ou de la pratique.

Ainsi volontairement placé sur le terrain le plus commun des motifs, tant logiques que moraux, apportés de divers côtés pour justifier des opinions, le néocriticisme manquerait son but, et sa méthode resterait confondue avec celle des plus ordinaires controverses entre dogmatiques, s'il ne mettait pas son effort à se rendre compte des raisons d'être mentales, et des ressources d'argumentation disponibles, pour les différentes causes, comme pour la sienne propre. Il doit pénétrer consciencieusement le tréfonds des doctrines contre lesquelles il ne peut se prononcer comme par une sorte d'arbitrage qu'après qu'il a atteint et reconnu les points où réside leur plus grande force.

La philosophie, ainsi comprise, devient inséparable de l'histoire de la philosophie, par cette simple raison, que, si l'on considère le petit nombre des thèses par lesquelles chaque doctrine notable réclame ce qu'elle a de valeur rationnelle et d'intérêt moral, les mêmes affirmations et les mêmes négations se sont produites et se sont opposées contradictoirement, à chaque époque de grande culture humaine, autant que l'autorité en a permis l'expression publique. On ne saurait dire qu'aujourd'hui encore, malgré le nombre et la diversité apparente des questions, et les variations de la terminologie, il se pose pour nous d'autres problèmes d'ordre fondamental en métaphysique et en psychologie, dont les solutions partagent les esprits, et auxquels toute connaissance transcendante reste suspendue, que ceux qui divisaient, au temps de Jules César, les académiciens et les aristotéliciens, les stoïciens, les épicuriens et les sceptiques.

On comprend par là ce que devrait être le genre du dialogue philosophique adapté au service du néocriticisme et de ses démonstrations; il faudrait que tous les interlocuteurs s'y montrassent également intelligents et vivants, et défendissent jusqu'au bout leurs opinions. Le lecteur de la feinte dispute devrait être, comme un spectateur de drame ou de comédie, laissé libre de tirer lui-même la moralité de la fable, d'après les impressions qu'il reçoit de l'œuvre d'art, et non point soumis en esclave à la décision du penseur qui se suscite l'apparence d'un contradicteur, en ne lui prêtant que juste ce qu'il faut de mots pour acquiescer, ou pour préparer sa propre défaite.

Les philosophes illustres du xvii° siècle, quand ils ont abaissé leur génie dogmatique à cette forme de démonstration, étaient dans un état d'esprit peu éloigné de celui des auteurs de catéchismes, et ne croyaient pas possible, ou, en tout cas, utile, de donner de la vraisemblance et de la vie à des discours qui n'auraient pu, suivant eux, qu'encourager l'erreur. Berkeley seul, parce qu'il vivait à un moment où la libre pensée, en Angleterre, attaquait avec animosité les croyances théologiques et se répandait beaucoup dans la classe instruite, a reproduit assez exactement, dans son *Alciphron*, les opinions, hostiles à la religion et au clergé, de ceux qu'il appelait les *petits philosophes;* et, en les réfutant, il a bien fait sentir, à quelques endroits, la passion qui les animait, et la sienne propre, inspirée par sa foi religieuse. Dans ses *Dialogues d'Hylas et de Philonoüs*, œuvre d'argumentation admirable, on ne peut pas dire qu'il ait présenté et formulé, ni réfuté, par conséquent, la véritable et puissante raison de la croyance naturelle à l'existence du monde extérieur, *en dehors des doctrines métaphysiques sur la nature de ce monde*. À cet égard, Hylas, l'adversaire de la doctrine de Berkeley, se montre polémiste insuffisant et médiocrement intelligent. Mais si l'on consent à ne voir en ce personnage que le défenseur de la *matière*, comme substance, dans l'acception et selon les arguments communément reçus, on peut certainement louer Berkeley d'avoir écrit un chef-d'œuvre dans ce genre de dialogue que nous essayons de définir comme le mieux adapté à la méthode néocriticiste.

Nous ne croyons pas qu'on puisse citer aucun autre ouvrage, ou du XVIIIᵉ ou du XIXᵉ siècle, dans lequel une importante question de philosophie soit traitée dans cette forme, à la fois avec sérieux et avec une suffisante compréhension des principes diversement invoqués pour le traitement des questions. Au contraire, il serait facile d'en rappeler quelques-uns, de ces deux époques, dans lesquels le mérite littéraire est éminent, mais où la satire remplace la doctrine, et l'imagination la dialectique. Nous avons nommé Denis Diderot et Ernest Renan.

La profondeur, la sincérité, l'indépendance d'esprit, l'étendue de la pensée, la puissance des conceptions, le génie esthétique de création des formes vivantes, la foi morale dominant le tout seraient les qualités nécessaires pour atteindre la perfection du dialogue philosophique, tel que nous le comprenons. Nous ne devons pas nous étonner qu'il faille remonter jusqu'à Platon pour rencontrer le philosophe qui en a approché. Et

pourtant lui-même s'est le plus souvent contenté,
comme on sait, de faire face aux coryphées de ses dialogues par des demi-muets dont tout le rôle est de
couper le discours par des mots d'approbation bénévole,
ou de recevoir par suggestion des idées, et puis d'autres,
qui les mènent peu à peu à se contredire faute de s'être
aperçus à temps des pièges où ils allaient tomber.
L'enchantement de la dialectique, méthode alors nouvelle, l'embarras des définitions psychologiques, si
difficiles à fixer, entre le vague et les équivoques, les
rapports variables des idées dans le commun langage,
et l'exigence scientifique de la méthode d'analyse ima-
ginée par Socrate, enfin cette confusion des questions
qu'il eût fallu diviser pour les éclaircir, et que la
logique, encore si tâtonnante avant Aristote, laissait se
mêler, telles sont les raisons qui nous expliquent les
formes volontairement subtiles, et les longueurs fati-
gantes, et l'absence ordinaire de conclusions formulées,
ou même qui puissent l'être, dans les dialogues plato-
niciens, et la difficulté de traduire les termes grecs en
une terminologie philosophique moderne, fixe et cohé-
rente, qui exprime exactement les mêmes rapports.

Platon, qui n'était pas seulement un philosophe, mais
un grand poète en philosophie, est parvenu, en sur-
montant avec une grâce infinie qui a fait l'admira-
tion des siècles, les difficultés d'une méthode aussi peu
assurée. Il a su éviter le dogmatisme, tant affirmatif
que négatif, en se montrant bien instruit des points
forts et des raisons d'être des doctrines dont il a combattu les vues exclusives, — l'éléatisme, d'un côté,
l'héraclitisme, de l'autre, — et en donnant une idée

approfondie de leurs principes. Il a réfuté les sophistes
dans la partie immorale de leur enseignement, et fait
ressortir, dans leur dialectique, cette aveugle négation
des idées générales qui réduit la connaissance à un
empirisme hors d'état de se formuler lui-même. Les
doctrines les plus contradictoires étaient de tous côtés
en lutte à cet extraordinaire moment où elles se sont
en quelque sorte nouées pour toute une suite de siècles,
après la mort de Socrate. Celles qui se sont attiré la qua-
lification de sophistiques, en un sens alors nouveau et
défavorable, présentaient, dans la répudiation systématique du devoir, dans l'éloge de l'égoïsme et des
beautés et des grandeurs de la force triomphante, dans
le mépris que mérite la faiblesse écrasée, un caractère
dont notre époque aussi commence à voir une forme
nouvelle apparaître chez nos sectes littéraires *déca-
dentes*, et chez quelques soi-disant philosophes. Platon
a rendu en traits d'abord tout dialectiques, et puis pro-
gressivement vivants et passionnés, ce caractère, dans
les personnages de son *Gorgias*, et il n'a pas laissé de
partager sur l'instabilité des phénomènes et le néant,
pour ainsi parler, du monde de l'expérience, la manière
de voir de l'une des principales de ces sectes de
sophistes que l'on se plaît souvent à croire qu'il n'a
fait que combattre. La doctrine transcendante des idées
en soi, et, sur d'autres points où la dialectique n'attei-
gnait pas, la théorie de la création démiurgique, et les
mythes, sortes d'hypothèses proposées pour tenir lieu
avec vraisemblance de l'inaccessible vérité pure, for-
maient la grande réserve où Platon tenait renfermées
les solutions des questions dont on avait à regretter

l'explication définitive ou la preuve, dans les dialogues où elles étaient discutées.

En résumé, nous pouvons dire que Platon a donné place dans son œuvre à la représentation des traits les plus généraux des doctrines de son temps, quoiqu'il ne nous ait point instruit, comme devait le faire Aristote, de beaucoup de traits particuliers et curieux des anciennes philosophies; non plus d'ailleurs qu'il ne devait être, comme lui, pour la postérité la plus reculée, le grand maître de la logique et le modérateur de l'esprit scientifique toujours enclin à se rapprocher de l'expérience; mais il prit la tête des plus hautes pensées pour toute la suite des temps. Son école put devenir voisine du scepticisme, à un certain moment de l'antiquité, sur des points de méthode principalement, parce que la doctrine des idées n'étant ni clairement fondée dans son acception ontologique, ni psychologiquement construite, ne fournissait pas un principe de certitude; parce que la théorie de la création démiurgique semblait aux philosophes plus symbolique que philosophique, et parce que la thèse de l'immortalité se justifiait par des mythes moraux, et s'expliquait par des métensomatoses, plutôt qu'elle ne revêtait une forme rationnelle, reliant le monde sensible aux idées purement intelligibles : mais le « divin Platon », obscur pour ses contemporains, n'en est que mieux devenu, et il est resté comme l'universel représentant, à travers toutes les phases du mouvement philosophique, du spiritualisme et de l'idéalisme en leurs transformations, et, dans une acception générale, de tous les efforts de la pensée pour élever la connaissance au dessus de l'empirisme. On y embrasse, depuis les réminiscences des intuitions d'un monde primitif, depuis les idées innées et les vérités éternelles et nécessaires, jusqu'aux concepts synthétiques du pur entendement, et jusqu'aux noumènes situés hors du temps et de l'espace : les idées en soi, dont le monde reçoit les imparfaites images, les idées divines transmissibles, qui descendent pour constituer, d'espèce en espèce, dans l'individuel l'essence de l'universel, et les idées intelligibles qui nous sont visibles en Dieu, et même les idées sensibles, dont l'auteur est Dieu, qui les fait percevoir aux esprits sous la forme d'un monde où ils ont leur vie et leurs communications. D'un *côté*, avec l'émanation de l'Un, suivie de celle de l'Intelligence, le Démiurge, la chute des âmes; de l'autre, avec la création *e nihilo*, les vertus divines partout présentes dans le monde, la chute d'Adam, la révélation du Logos, la descente de l'Esprit saint, c'est une doctrine *réaliste* qui fait corps contre les méthodes qui, n'admettant pour la connaisssance de la *réalité* d'autres enseignements que ceux de l'expérience, ne peuvent la dépasser pour expliquer le monde à l'homme et l'homme à lui-même. Quand un néoplatonicien de la Renaissance, ou même certains philosophes anglais du temps de Berkeley, lisaient les *Dialogues* de Platon, ils ne croyaient pas y trouver des doctrines bien différentes de celles de Plotin. Et quand un chrétien comme Dacier, ou même encore comme l'abbé Grou, les traduisait, il pensait y reconnaître les dogmes du christianisme, un peu altérés seulement à certains endroits; et Victor Cousin, à un autre point de vue, a paru croire que le vrai fruit à tirer de

leur lecture était la confirmation du spiritualisme, tel
que lui-même l'entendait.

Platon a conservé avec un art merveilleux, dans
l'examen des méthodes hostiles au socratisme, et dans
l'exposition de ses propres vues, même en ce qui
touche la doctrine des idées, une certaine indétermina-
tion excluant les formules définitives, et il a eu de
grandes, de sublimes échappées de théorie sur les ori-
gines morales, la constitution intelligible du monde,
l'amour, la beauté, la divinité, sans que fût prononcé
nulle part dans les *Dialogues* le dernier mot qui aurait
formé de ce vaste ensemble un édifice rationnel achevé.
Ce caractère unique offre, en la personne de Platon, un
personnage à introduire hardiment en de nouveaux
dialogues, et à traiter avec la même liberté que lui-
même a traité son maître Socrate, auquel il a prêté tant
d'idées auxquelles celui-ci n'avait certainement jamais
songé. Le but serait analogue, c'est-à-dire que, de
même que Platon entendait développer sous cette forme
les pensées qu'il avait conçues et qu'il regardait sans
doute comme le fruit semé dans son génie propre par le
génie de Socrate, de même un philosophe néocriticiste
se proposerait aujourd'hui, s'éclairant des lumières
acquises en psychologie et en métaphysique depuis
Platon, de présenter sa doctrine à l'état d'achèvement,
telle qu'il aurait pu la construire en restant fidèle à ses
tendances générales, et en découvrant les formules
définitives et les arguments d'une logique inattaquable
à opposer à ses adversaires, s'il avait délivré son
esprit de l'obsession de la philosophie éléatique de
l'être absolu.

Le platonisme ainsi interprété, ou pour mieux dire achevé, élevé à l'entière rationalité de ses propres vues, et porté à la perfection de celles qu'il a cherchées pour la révélation du monde moral, pourrait s'appeler le *Mystère de Platon*, et aurait de réelles analogies avec la doctrine cosmogonique et eschatologique de la personnalité, qui s'offre dans le néocriticisme comme la conclusion des analyses entreprises pour la constitution de la croyance rationnelle. C'est le plan que M. L. Prat s'est proposé et dont il commence l'exécution dans un premier dialogue historique dont la scène est le *Jardin d'Académos*, au temps de la vieillesse de Platon, et les interlocuteurs, des penseurs à vues très divergentes réunis autour de lui pour la célébration d'un certain anniversaire socratique. La controverse, largement ouverte à tous les amis de la grande mémoire, est le digne culte voué à l'incomparable héros de l'argumentation. L'auteur l'a traitée avec ce haut désintéressement esthétique qui convient à la méthode néocriticiste, telle que nous venons de l'expliquer. Il a montré le platonisme en opposition avec les systèmes que l'esprit platonicien avait à combattre, et il a conservé à chacun des personnages mis en présence ses idées et sa physionomie propre, en s'appliquant à prêter à chacun toute l'intelligence et toute la force possible dans le maniement des arguments favorables à sa cause. Il a décrit de véritables conflits d'idées luttant pour l'existence. La philosophie ainsi vue dans son histoire, à des moments bien choisis, ne se forme plus seulement de systèmes, d'abstractions coordonnées, mais de drames, d'opinions actives qui attaquent et se

défendent avec les sentiments et les passions qui les
doivent naturellement accompagner. C'est la philosophie vivante.

Les questions qui, à toute époque, dominent les
autres, et déterminent leurs solutions par les leurs, aux
yeux du penseur qui les reconnaît sous leurs formes
changeantes, ces questions demeurant les mêmes, il est
aisé de transporter dans les débats des anciens philosophes celles qui s'agitent dans les sociétés modernes.
Il ne s'agit, à vrai dire, que d'une sorte de transposition
par laquelle des termes qui, à travers une suite de modi-
fications logiques ou grammaticales, nous sont venus à
la place de ceux dont l'antiquité usait pour rendre des
idées pareilles aux nôtres, ou voisines, ou analogues,
soient employés en des acceptions vraisemblablement
acceptables pour les personnages qu'on fait parler, en
des cadres de doctrines et de discussions, avec des inci-
dents d'où ressortent des similitudes piquantes. L'auteur du *Mystère de Platon* a pu, suivant cette méthode,
faire discuter à des anciens la question de l'empirisme
et du positivisme, en opposition avec la psychologie
idéaliste *a priori*, et celle de la science considérée
comme l'essentiel agent de la civilisation et du bonheur, d'une manière d'autant plus intéressante qu'il
les a ainsi élevées à la plus haute généralité, et que la
dernière surtout, prise du point de vue de l'antiquité,
s'est trouvée soustraite à des causes d'illusion qui trou-
blent aujourd'hui le jugement des deux côtés de la
controverse.

Le personnage choisi pour être l'antagoniste de Platon, dans la querelle de l'empirisme et de l'apriorisme,

est un jeune homme qui fut un temps son disciple, et
qui, livré maintenant à des études spéciales, a pris en
dégoût les spéculations philosophiques, qu'il traite
d'irrationnelles et vaines en résultat, tandis qu'il voit
les sciences d'observation grandir, toutes pleines de promesses pour l'utilité des hommes. Cet ardent adversaire
des rêveries du vieux maître est Eudoxos de Cnide,
géomètre et astronome, que l'histoire des sciences place
à un rang élevé d'inventeur et rattache ordinairement à
l'école de Platon. Ici, nous le voyons traiter sans respect, pour ne rien dire de plus, les preuves de l'immortalité de l'âme hasardées dans le *Phédon*, et opposer au
genre d'argumentation peu scientifique employé dans
cet illustre dialogue des objections assez fortes pour obliger Platon à reconnaître que ses démonstrations ne sont
point apodictiques, qu'elles n'ont qu'une valeur relative
à la condition intellectuelle des personnes auxquelles
elles s'adressent. En présence d'un esprit plus exigeant,
le philosophe n'abandonne pas seulement les symboles,
il va jusqu'à ne plus chercher un appui sur l'existence
de l'âme, — existence qui est déjà pour la preuve de
l'immortalité une pétition de principe, — mais il s'élève
jusqu'à l'idée la plus générale de l'entendement et de
la conscience, ou personnalité, qui est en effet la condition fondamentale de toute connaissance. C'est au
prix de cette transformation du concept de l'âme que
Platon triomphe de la méthode empiriste d'Eudoxos,
qui, pour soutenir sa cause, aurait à montrer comment
de la sensation considérée dans l'objet et dans l'image,
peut s'engendrer l'acte de sentir. Et c'est aussi la première des transformations dont l'auteur veut nous mon-

trer la possibilité dans le développement historique de
l'esprit platonicien.

Eudoxos ne donne pas son nom à ce premier dialogue :
il en déserte la scène à un certain moment sous le
coup de l'indignation que lui cause l'exposition d'une
doctrine théocratique, étrange, il est vrai, pour des
oreilles grecques, et dont le porte-parole, que l'auteur
a tenu à mettre en vedette, se pare d'un nom mythique
lié aux traditions orphiques : *Aglaophamos*. Ce personnage curieusement inventé n'est pas un de ces orphéo-
télestes, très méprisés, que Platon a représentés (*La
Rép.*, l. II) assiégeant les maisons des particuliers pour
leur enseigner les moyens d'expier leurs péchés, ou
ceux de leurs parents décédés, et leur vendre à cet effet
des amulettes, des indulgences, le mérite de certains
sacrifices. C'est un théologien d'une tout autre portée,
éloquent, inspiré, fanatique, narrateur de merveilles,
un rêveur qu'à bien des traits de ses discours on pren-
drait pour un simple imposteur, si l'on ne le croyait
plutôt fou, de ce genre de folie pour lequel on n'a pas
encore inventé de nom particulier, ce qui fait que l'on
confond quelquefois. Platon s'est intéressé à ce vieillard
inoffensif, farouche en théorie seulement, qu'il a rencontré en Sicile et dont il a fait son hôte à Athènes. Une
fois acceptée, la fiction dramatique à laquelle l'auteur a
recours pour nous présenter le personnage d'Aglaophamos, se croyant ou se prétendant le prêtre d'un dieu
inconnu aux Grecs, faisant remonter sa propre origine à
l'âge des Héros divins, se disant en même temps venu,
comme envoyé de ce dieu, d'un pays mystérieux, loin-
tain, où il était revêtu de la suprême magistrature, il ne

faudrait pas prendre pour une hypothèse invraisemblable l'existence, en Grèce, au ive siècle avant notre ère, d'un penseur orientalisant, plus que socratique et plus que platonicien dans l'excès de son mépris pour une démocratie ignorante, incapable de gouvernement; d'un rêveur ignoré, perdu au fond de quelque petit sanctuaire, qui aurait conçu l'idéal d'une corporation sacerdotale, semblable à celles qui chez plusieurs nations de l'Orient ont disputé l'autorité civile aux princes, différente de celles-ci seulement en ce qu'elle se guiderait exclusivement sur la justice et la sainteté pour la conduite du peuple, auquel elle assurerait le bonheur que seule peut lui donner l'entière soumission à des commandements divins.

La Grèce n'avait échappé que par une grande exception au sort commun des États où le régime théocratique fait prévaloir une notable partie de ses prétentions au gouvernement, dont cependant il ne parvient jamais à s'emparer totalement. La civilisation hellénique avait triomphé dans les guerres médiques. A une époque plus ancienne, l'esprit hellénique s'était refusé à suivre la voie commune des théocraties, voie ouverte cependant par un orphisme d'origine mal connue, que Pythagore et d'autres philosophes favorisèrent, au moins dans l'ordre spéculatif. Mais cet orphisme, qui n'avait pu se fonder comme religion de haute antiquité, tenta d'en conquérir le titre au moyen de traditions fictives et de la confection de poésies apocryphes, — c'est Platon qui nous l'apprend, — et resta, se mêlant plus ou moins à d'autres mystères, le représentant dans la Grèce d'une religion qu'on cherchait, capable de ramener à l'unité les mythes et le culte du polythéisme, et de conférer aux prêtres tout ce qui peut appartenir de pouvoir aux possesseurs de la science sainte et aux distributeurs des grâces divines.

L'auteur du *Mystère de Platon* donne à représenter à son Aglaophamos un système d'opinions religieuses qui, ainsi délimité, n'a réellement rien d'impossible pour l'époque où il le place, et il s'en sert pour faire discuter entre le révélateur prétendu, le positiviste par anticipation, Eudoxos, et Platon lui-même, ainsi forcé de se poser en défenseur du libéralisme, des questions dans lesquelles on reconnaît sans peine, d'un côté, les principes catholiques et les arguments catholiques, unis à ceux d'un socialisme autoritaire absolu, de l'autre, la revendication de la liberté de l'esprit. Il faut ajouter qu'en métaphysique, en théologie, Aglaophamos apporte dans le débat des idées qui anticipent historiquement, d'une façon bien naturelle pourtant, sur celles qui devaient présider au platonisme six siècles après Platon, et au christianisme dans ce que le christianisme a eu de commun avec ce platonisme. Quel que soit son éloignement des idées ordinairement discutées dans l'*Académie*, cet interlocuteur trouve dans son point de vue particulier de visionnaire des arguments qui ne sont pas sans prix pour l'imagination, contre le système qui, investissant la science de la fonction moralisatrice essentielle des hommes, fait d'elle aussi l'ouvrière du bonheur.

Enfin un dernier personnage donne de la vie au dialogue, dont sa fantaisie usurpe à certains moments la direction, contrairement aux droits consacrés du cho-

rège : c'est Kalliklès, lui, le plus rude antagoniste de
Platon dans le *Gorgias*, vieux maintenant, et son grand
ami, passé de l'ardeur sophistique, et fort insolente,
de sa jeunesse au caractère *ironiste* et universellement
bienveillant. Ce changement d'humeur se traduit, chez
cet interlocuteur, par beaucoup de curiosité mêlée à
beaucoup d'incrédulité, un fonds de confiance exclusive
dans le solide terrain de l'expérience, mais un goût bien
décidé pour les jouissances esthétiques, les seules qui
donnent, selon lui, un réel intérêt au spectacle des
choses et à la lutte des idées. Il n'est pas interdit au
lecteur de trouver, dans les traits de fantaisie de ce
Kalliklès, certaines allusions aux opinions de vieillesse
d'un illustre écrivain de notre temps, qui a laissé
d'assez nombreux disciples.

C. RENOUVIER.

LE
MYSTÈRE DE PLATON

AGLAOPHAMOS

LE MANUSCRIT

ARKÉSILAOS — TIMON LE SILLOGRAPHE
(au jardin d'Akadèmos).

TIMON

Quel dieu, mon cher Arkésilaos, t'a envoyé le bonheur ? Ton visage respire la joie. Aurais-tu gagné cette gageure que tu fis, la semaine dernière, devant tes disciples, de convertir à la morale du Portique la courtisane Théodéta ? As-tu persuadé le vieil Epikouros de la nécessité d'étudier les sciences ? ou bien, admire jusqu'où peuvent aller mes suppositions quand j'ai devant les yeux un philosophe qui sourit, as-tu découvert le puits fameux où, si l'on en croit Démokritès d'Abdère, la Vérité demeure cachée ?

ARKÉSILAOS

Non, Timon, et tu t'éloignes de la vraie cause le plus possible. Théodéta est retournée à Elée. Elle a moins de goût pour la philosophie que pour les philosophes, et ma gageure est perdue ; Epikouros reste convaincu que le soleil est de beaucoup plus petit que le Péloponèse ; enfin, tranquillise ton esprit : je n'ai pas rencontré la Vérité. Elle se dérobe à toutes nos recherches, mon cher ami, et pour moi, je me console en me persuadant que c'est chose plus agréable de chercher la Vérité que de la tenir. Serais-tu d'un avis opposé ?

TIMON

Je me refuse à toute discussion, Arkésilaos, tant que tu t'obstineras à laisser en suspens l'esprit curieux d'un philosophe zététique. Je veux savoir la cause de ta joie, et je vais faire des suppositions de plus en plus étranges jusqu'au moment où tu m'arrêteras pour me dire : à toi le gage !

ARKÉSILAOS

Tu chercherais trop longtemps ; je préfère te donner de suite le mot de l'énigme. Je suis heureux parce que j'ai découvert l'esprit de Platon.

TIMON

L'esprit de Platon ?

ARKÉSILAOS

L'esprit de Platon. Ma découverte t'étonne ?

TIMON

Rien ne m'étonne. Je ne suis pas surpris mais un peu inquiet, et je me demande si, au moment où tu trouvais l'esprit de ton maître, tu ne perdais pas le tien.

ARKÉSILAOS

Toujours plaisant, mon cher. Sois rassuré ; il est probable que j'ai encore aujourd'hui le peu de raison que j'avais hier. Ecoute : connais-tu Poseïdon ?

TIMON

Le dieu armé du trident?

ARKÉSILAOS

Non, le scribe qui demeure sur le chemin du Pirée.

TIMON

Je le connais très certainement; il a fait trois copies de mes Silles. C'est le scribe le plus exact que jamais ait enfanté Athènes. Il est stupide comme un bœuf, et si attentif, quand il est à son ouvrage, qu'il ne commet jamais de fautes.

ARKÉSILAOS

C'est bien le personnage. Tu sauras donc, mon cher Timon, que notre Poseidon, le successeur et l'héritier du scribe Polémon qui mourut l'année dernière, est, présentement, possesseur de quelques manuscrits des anciens philosophes. Je suis allé, avant-hier, dans sa maison, pour acheter le traité du Ciel et le traité de l'Ame d'Aristotélès. Pour les deux manuscrits, il m'a réclamé trois mines. Je ne suis point avare, mais j'estimai le prix exagéré, et comme je me récriais : « Tu as raison, me dit-il; je ne donnerais pas, moi, trois drachmes pour les deux traités; mais de son vivant, mon maître Polémon en avait fixé la valeur à trois mines, et Zeus m'est témoin qu'à moins que tu ne paies trois mines les manuscrits ne quitteront pas les tablettes. Au demeurant, examine. Ce ne sont pas les traités des philosophes qui manquent dans la bibliothèque. Tu peux choisir; je te donne par-dessus le marché celui que tu voudras emporter, et fassent les dieux que tu trouves un trésor parmi ces grimoires. Mais, j'en doute. Polémon, qui avait le nez creux, m'a assuré qu'ils étaient méprisables. »

TIMON

Aurais-tu trouvé ce trésor, Arkésilaos?

ARKÉSILAOS

Sois-en juge, mon cher ami. Je commençais à craindre d'avoir perdu mon temps. Quel fatras! Il y a là toutes sortes de volumes, des grands et des petits, tous traitant des problèmes philosophiques. Je déroulais, je lisais quelques lignes et j'enroulais aussitôt. Une courte expérience suffisait à me renseigner sur la sottise de l'auteur. J'allais abandonner toute recherche quand j'avisai, sur la tablette des livres de rebut, un volume assez gros que de plus gros cachaient. Le titre qui, sur le dos du livre se détachait en grandes lettres, m'étonna :

L'ÉGLISE SOCRATIQUE — LE MYSTÈRE DE PLATON

Je le pris avec les deux petits traités du Stagyrite et je payai Poseidon, qui me regarda partir avec un air plus hébété que de coutume.

J'ai lu le *Mystère*, Timon ; il m'a révélé la pensée du maître. Cette pensée, j'en soupçonnais l'existence et je l'avais comme entrevue sous les symboles et les mythes des dialogues. Mais combien mon attente a été surpassée ! La doctrine de Platon prend là son essor et s'élève tellement au-dessus de la commune mesure de l'intelligence des hommes qu'il n'est qu'une parole qui la puisse caractériser : elle est digne d'un dieu.

TIMON

Je ne saurais dire mon étonnement, Arkésilaos ; tu me parais, à présent, plus religieux que le portefaix Kléanthès alors qu'il explique à ses auditeurs la raison séminale des choses.

ARKÉSILAOS

C'est qu'il faut être religieux, Timon, en présence d'un sanctuaire.

TIMON

Voilà qui m'étonne encore davantage s'il est possible. Toi,

Arkésilaos, comme moi disciple de Pyrrhon, que tu dis
honorer à l'égal de Platon lui-même, tu te déclares le prêtre
d'un nouveau dieu ! Je me demande anxieusement, mon
cher ami, si tu ne veux pas te jouer de ma crédulité.

Ce manuscrit existe-t-il d'abord, et, s'il existe, qui pourra
me persuader que ton vrai Paton n'est pas un pseudo-Platon ?

ARKÉSILAOS

Le manuscrit existe, Timon, et je puis te le montrer.
Quant à te persuader qu'il renferme la doctrine véritable de
mon maître, je ne le saurais, puisque tu es déjà persuadé de
l'impossibilité que tu sois jamais persuadé.

TIMON

Essaie tout de même. — Platon, n'est-il pas vrai, n'est
point l'auteur de ce volume ? Quelle que soit la sottise des
scribes, un manuscrit de Platon ne serait pas resté si longtemps ignoré.

ARKÉSILAOS

Platon n'est pas l'auteur. C'est un disciple et aussi un
admirateur de Platon qui a écrit le dialogue. On voit qu'il
s'applique à imiter la grâce aimable et étudiée, l'art délicat
et si subtil du maître incomparable. Ais-je besoin d'ajouter
qu'il n'y réussit qu'assez mal ? Mais l'auteur, et c'est là ce qui
fait à mes yeux l'intérêt du *Mystère*, décrit ce qu'il a vu,
répète ce qu'il a entendu ; c'est un témoin de bonne foi et
qui comprend la portée des thèses qu'il expose. Qui est-il ?
je l'ignore. C'est le porteur de la bonne nouvelle qui dit son
mot et disparaît à jamais. Il a été initié à la doctrine cachée
de Platon et, malgré Platon peut-être, il nous initie au
Mystère.

TIMON

Se pourrait-il qu'un Platon existât, inconnu de nous ?

ARKÉSILAOS

Il existe, mon ami, et sa doctrine plus que celle que nous avons jusqu'à ce jour acceptée comme la sienne, serre de près la vérité. Elle ne se contente pas de discuter les problèmes, elle les résout. Si la vérité est quelque part, Timon, la vérité que peut atteindre l'intelligence des hommes est là. Le *Mystère* de Platon, d'ailleurs, n'est assimilable en rien aux mystères sacrés.

Durant des années, chaque fois que revenait le jour anniversaire de la mort de Sokratès, la plupart de ceux qui avaient écouté ses sages discours, des disciples, quelquefois des adversaires, se rencontraient dans le jardin d'Akadémos afin d'honorer la mémoire du père de la philosophie. Ils s'asseyaient sur un tertre, à l'ombre d'un platane, tout près de la statue d'Éros. Ils disputaient entre eux, s'interrogeant et répondant selon la méthode de recherche qu'ils tenaient du maître. Ils s'appliquaient, en ces réunions, à résoudre quelqu'un des problèmes où, de tout temps, s'est complu le génie des philosophes. Leurs idées paraissant étranges et nouvelles aux quelques Athéniens que la curiosité avait attirés, on disait d'eux qu'ils célébraient le *Mystère* de Platon. Tu vois, mon cher Timon, que le *Mystère* de Platon n'est pas un mystère.

TIMON

Et je m'en réjouis, Arkésilaos. Je suis trop vieux maintenant pour être initié.

ARKÉSILAOS

Es-tu de loisir?

TIMON

Toujours quand je veux l'être; ne suis-je pas philosophe?

ARKÉSILAOS

Plus que tu ne voudrais le paraître. Tu ressembles, Timon,

à des amants que je connais, qui se vantent de commander à la beauté dont ils sont les esclaves les plus soumis.

Vois-tu, au fond de la première allée, ce platane majestueux? C'est le plus beau du jardin. Bien des fois, à son ombre, nos anciens philosophes se sont réunis pour discuter et discourir. C'est au pied du platane d'Akadémos, puisque ce beau jour t'appartient, que nous irons nous asseoir et lire le précieux manuscrit. Nous ne saurions choisir un endroit plus commode. Le Képhysès, qui coule tout proche, enverra jusqu'à nous la fraîcheur de ses eaux avec le délicat parfum des lauriers-roses, et, bercés par le doux chant des cigales, nous essaierons, en vrais philosophes, de pénétrer jusqu'à l'âme de la doctrine du vrai Platon.

AVANT LE MYSTÈRE

EUDOXOS de Knide — KALLIKLÈS d'Athènes

EUDOXOS

Par Pollux, vénérable Kalliklès, j'ai cru un moment que je ne pourrais te rattraper; ta démarche n'est pas d'un philosophe âgé mais d'un jeune homme !

KALLIKLÈS

C'est que je suis pressé, Eudoxos.

EUDOXOS

Serais-je importun ?

KALLIKLÈS

Non, mon ami. Mais, de grâce, ne prenons pas l'attitude de l'Hermès de bronze qui semble prêt à s'envoler et qui reste immobile. J'ai affaire au jardin d'Akadémos. Sois mon compagnon de route ; tu me diras, chemin faisant, ce que tu veux me dire, et tu prêteras à ma main l'appui de ton épaule robuste.

EUDOXOS

Je voulais t'offrir mes bons souhaits d'abord, et, ensuite, te demander ton avis sur un dogme de Platon que j'ai étudié dernièrement. Connais-tu le *Phédon*, les arguments de Sokratès en faveur de l'immortalité de l'âme ?

KALLIKLÈS

Comment ne les connaîtrais-je pas ?

EUDOXOS

Ils me semblent absurdes.

KALLIKLÈS

Absurdes ?

EUDOXOS

Oui, et je le démontrerai.

KALLIKLÈS

C'est que les dieux, mon ami, t'ont doué d'une âme peu commune et hardie, et ton audace est noble. Platon, tu ne l'ignores pas, a toujours été pour mes pensées un adversaire irréconciliable ; mais nous disputons depuis si longtemps que nous avons fini par nous aimer. Les dieux me sont témoins que je suis, le plus possible, éloigné de son dogme, mais je suis contraint d'avouer qu'il a hérité du génie de son maître Sokratès, et qu'il a vaincu Protagoras et Gorgias, pour ne citer que les plus habiles au combat des idées. Prends garde ! Convaincre Platon d'absurdité est une rude tâche et qui n'est pas sans péril. C'est un beau danger que tu vas courir.

EUDOXOS

Pourquoi te moquer, Kalliklès ? Platon est à Syracuse hors de portée de mes arguments.

KALLIKLÈS

Par le Chien ! j'affirme que Platon est à l'Académie. C'est pour le visiter que je me suis mis en route. Comment ne sais-tu pas que, depuis quinze jours, Platon est revenu de Sicile ?

EUDOXOS

C'est que je suis étranger.

KALLIKLÈS

Certes, tu es étranger, et de Knide. Eh bien! homme de Knide, apprends que je me rends, de ce pas, à la réunion de philosophes instituée par Platon afin d'honorer la mémoire de Sokratès. Nous devons même nous hâter, si nous ne voulons pas arriver après la présentation.

EUDOXOS

La présentation ?

KALLIKLÈS

C'est juste : tu ne peux pas comprendre. Apprends encore que nous avons décerné à Platon, comme au plus digne, le titre de chorège. C'est lui qui dirige nos discussions, et c'est à lui que revient l'honneur de faire connaître aux anciens les nouveaux venus et de dire s'ils sont amis de Sokratès ou adversaires. C'est là la présentation. Si tu veux te joindre à nous, nous serons cinq, cette année, à prendre part au mystère, peut-être six.

EUDOXOS

Et si Platon allait m'interdire l'accès au mystère?

KALLIKLÈS

Rassure-toi, Platon est accueillant et doux. Il est plus aimable pour ses adversaires que pour ses amis; d'ailleurs, tu n'es pas un inconnu pour lui. N'aie aucune crainte, réjouis-toi, au contraire : j'ai quelque idée que le mystère sera amusant.

EUDOXOS

Amusant? — Je ne pensais pas qu'un mystère fût amusant, qui est célébré par des philosophes.

KALLIKLÈS

Entendons-nous. On s'amuse où l'on peut et comme l'on peut. Il n'est pas interdit à un vieux philosophe de s'amuser, ni même à un vieux sophiste, comme dirait Platon pour désigner Kalliklès, d'être sensible à la savante harmonie des phrases, à l'élégante disposition d'arguments qui provoquent chez l'adversaire l'étonnement ou l'inquiétude. N'est-ce pas le droit d'un vieillard de se distraire de cette façon ?

EUDOXOS

Certes, vénérable Kalliklès ; continue, je te prie.

KALLIKLÈS

Platon a ramené de Sicile un prêtre d'Orpheus que nous devons écouter aujourd'hui. Cela ne te paraît-il pas étonnant qu'un de ces pauvres Orphiques errants soit devenu l'hôte de Platon ? — Il ne m'a pas encore été donné de le voir, mais, si j'en crois Speusippos, cet Orphique est un étrange et rare personnage, barbe inculte, cheveux non peignés qui s'étalent sur le front et descendent en désordre sur les épaules. Il est très vieux et son manteau est plus troué que celui d'Antisthènès. Il est, paraît-il, très éloquent et, de plus, particulièrement habile dans l'art d'interpréter les songes. Il prédit l'avenir par des procédés singuliers et qui diffèrent de ceux de nos devins. On ne sait ni qui il est, ni d'où il vient. N'est-ce pas là, Eudoxos, un homme très mystérieux et très redoutable et ne dirons-nous pas que la Fortune nous favorise, qui nous permet de le voir et de l'entendre ?

EUDOXOS

Nous le dirons, Kalliklès. Mais si c'était un imposteur ?

KALLIKLÈS

Ce n'est pas, en tout cas, un imposteur vulgaire ; Platon ne l'eût pas conduit à l'assemblée.

J'aperçois, d'ici, les premiers arbres du jardin ; bientôt nous verrons le personnage.

EUDOXOS

N'as-tu pas dit que nous serions cinq à participer au mystère et peut-être six?

KALLIKLÈS

Je l'ai dit. Le vieil Antisthénès sera des nôtres. C'est un raisonneur vigoureux et puissant, quand il veut bien, dans le mystère, ne pas jouer le rôle du personnage muet. Il est le seul philosophe que je connaisse capable de passer un jour entier à écouter les autres sans parler. On ne sait même pas s'il écoute. C'est un sage.

EUDOXOS

Et le sixième, Kalliklès, tu n'as pas dit quel était le sixième?

KALLIKLÈS

Le sixième est une femme, mais je ne peux pas t'assurer qu'elle viendra.

EUDOXOS

Une femme !

KALLIKLÈS

Pourquoi non? Penses-tu que les femmes ne sachent pas trouver des arguments qui embarrassent les hommes, même les philosophes?

EUDOXOS

Je n'ai jamais discuté avec une femme.

KALLIKLÈS

Tu dois le regretter. Connais-tu Aristippos?

EUDOXOS

Si tu veux parler du Cyrénaïque, je ne l'ai jamais vu, mais je connais ses œuvres.

KALLIKLÈS

Tu ne connais pas la plus belle.

EUDOXOS

A mon avis, les *Entretiens sur Laïs* surpassent en beauté ses autres livres.

KALLIKLÈS

Et sa fille Aréta surpasse en beauté Laïs elle-même. Comment ce débauché d'Aristippos a-t-il pu façonner pour sa fille une âme curieuse de sagesse, c'est un problème que je te laisse à résoudre. Par la pureté de ses traits et la noblesse de ses attitudes, elle ressemble à l'Athéna de notre Phidias. Elle daigne, parfois, se rendre à l'Académie pour disputer avec nous. Peut-être viendra-t-elle aujourd'hui, et ce sera, pour mes yeux, une joie de la contempler. Dans l'ardeur de la discussion, la déesse s'anime et redevient femme. Son visage trahit ses émotions intimes et son âme se dévoile. Je ne connais pas de spectacle plus ravissant et plus rare.

EUDOXOS

Quel enthousiasme, vénérable Kalliklès. Ce ne sont pas seulement les discours qui t'attirent chez Platon, et je crains que tu ne sois une victime d'Éros.

KALLIKLÈS

La beauté, mon ami, est peut-être la seule des choses dont on doit parler sérieusement, avec respect. Vous autres, jeunes gens, vous ne savez pas en jouir. Vous vous jetez sur elle comme des loups de Thrace sur la proie; votre impatience vous défend d'admirer. — Eudoxos, on n'est plus amoureux à mon âge. Je sais bien que je ressemble davantage au vénérable nourricier d'Iacchos qu'à Apollon porte-lyre. Est-ce une raison pour rester insensible devant la beauté ?

EUDOXOS

Je ne voulais pas t'offenser, Kalliklès.

KALLIKLÈS

Tu ne m'as pas offensé. Tu m'as rappelé que j'étais vieux et, mon ami, je ne le sais que trop. M'aurais-tu offensé, d'ailleurs, que je te pardonnerais de grand cœur en souvenir du service que tu viens de me rendre. Grâce au secours de ton épaule je suis arrivé, sans trop de fatigue, au terme de la route.

Voici l'entrée du jardin. Regarde au fond de la première allée ; ne reconnais-tu pas les larges épaules de Platon ?

EUDOXOS

Je vois trois hommes assis au pied d'un platane. Le plus grand tient le milieu. Il porte une robe blanche. Mais, Kalliklès, je n'aperçois aucune femme.

KALLIKLÈS

Aréta n'est pas encore arrivée ; peut-être ne viendra-t-elle pas.

LE MYSTÈRE DE PLATON

AGLAOPHAMOS

PERSONNAGES

AGLAOPHAMOS . . . . . Prêtre d'Orpheus.
PLATON.
KALLIKLÈS, d'Athènes . Sophiste.
EUDOXOS, de Knide . . Géomètre.
ANTISTHÉNÈS . . . . . Philosophe cynique.
DISCIPLES DE PLATON.

PLATON

Que les dieux te protègent, Eudoxos, et nous conservent ton beau génie! Et toi, Kalliklès, qui es resté le plus cher de mes ennemis, c'est avec joie que je te retrouve, après une longue absence, toujours fidèle à honorer la mémoire du maître que tu as combattu et que tu as aimé. Soyez les bienvenus tous deux, entrez dans la Couronne, et qu'Athéna inspire vos discours.

EUDOXOS

Je te salue, Platon.

KALLIKLÈS

Je ne sais, Platon, si je dois accepter tes bons souhaits. Peut-être que l'ombre de Sokratès ne se réjouit pas de la venue d'Eudoxos. Ce n'est pas un ami que j'amène; ton disciple d'autrefois est, maintenant, un adversaire. Il veut, non pas décerner l'éloge mais disputer, et la vigueur de ses jeunes ans sera redoutable pour ta vieillesse. Tu en jugeras bientôt.

(*A Antisthénès.*) Antisthénès, tu restes là, devant moi, immobile comme un terme. Serais-tu entré, depuis que je ne t'ai vu, dans le bienheureux état d'ataraxie? Je te salue, mon cher ami: que les Moires te soient propices! (*Se tournant vers Aglaophamos.*) Et toi aussi, noble étranger, je te salue!

ANTISTHÉNÈS

Que les dieux soient bienfaisants à notre vieillesse, Kalliklès!

AGLAOPHAMOS

Que le Divin te soutienne, Kalliklès!

KALLIKLÈS

Il me soutiendra certainement puisque c'est ton souhait. (*A Eudoxos qui semble discuter avec Platon.*) Mon ami, laisse un peu de répit à Platon. Le moment de la discussion viendra bientôt et tu argumenteras à loisir. (*A Platon.*) Ce jeune homme, Platon, est courageux et toujours prêt à combattre.

PLATON

Le courage, mon cher Kalliklès, est une vertu essentielle au philosophe, et je vois bien qu'Eudoxos est courageux, quoiqu'il ne m'ait pas livré combat. Il me disait que, depuis le jour où, adolescent encore, il quitta l'Académie, il a voyagé dans les îles et surtout en Egypte. En Egypte, dans la société des prêtres, il a étudié des cosmogonies anciennes qui ne sont, s'il faut l'en croire, que des fables grossières; pas plus grossières, toutefois, ajoute-t-il, ni plus puériles, que la cosmogonie de notre Hésiodos. Un homme de bon sens doit mépriser de telles puérilités. Il a conclu, en me

disant qu'il étendait son mépris à la philosophie tout
entière, selon lui la plus futile des sciences, et qu'il se trou-
vait heureux depuis qu'il avait pu se délivrer des erreurs
apprises à mon école.

KALLIKLÈS

C'est une belle chose que d'être heureux. Et que répon-
dais-tu, Platon ?

PLATON

Tu ne m'as pas laissé le temps de répondre. Voici ma
réponse : Mon jeune ami, nous sommes d'accord aussi peu
que possible. Pour moi, je ne saurais mépriser les vieilles
croyances, et les plus anciennes me semblent les plus vénérables. Celle-ci, que je vais te dire, m'a été transmise, il y a
bien longtemps, je ne sais plus par qui ; elle me semble
belle : Les dieux immortels autorisent parfois l'âme des
sages, qui vivent de l'éternelle vie, à quitter leur compagnie
pour revenir sur la terre et porter secours à ceux qu'ils ont
aimés, à ceux qui les aiment. Si cette croyance est fondée, il
n'y a pas de doute que l'âme de Sokratès ne plane, invisible,
au-dessus de nos têtes. C'est elle, Eudoxos, qui conduira le
Discours et, dès lors, nous n'aurons rien à craindre de la
discussion. Si c'est la vérité que tu nous apportes, elle s'imposera d'elle-même ; si c'est l'erreur, l'âme de Sokratès est
là, gardienne vigilante, qui, avec l'aide des dieux, nous pré-
servera de tout enchantement.

Telle est ma réponse, Kalliklès. Le Discours, en se déve-
loppant, nous apprendra si j'ai raison de compter sur la pro-
tection du maître. Auparavant, je dois, pour remplir la fonction de chorège que vous m'avez confiée, vous dire ce que je
sais du philosophe que vous voyez assis à ma droite et qui
vous est inconnu. La règle exige, mon cher hôte, qu'avant
de discuter avec eux, tu sois présenté à nos amis. M'autorises-tu à leur dire tout ce que je sais de toi ?

AGLAOPHAMOS

Qu'il soit fait selon ton désir, Platon.

PLATON

Ne dresse pas l'oreille, Kalliklès; ton attente sera déçue,
si tu attends des choses merveilleuses. L'hôte qui est près
de moi, puisse-t-il, mes amis, vous être cher comme il l'est
à moi-même! est un inconnu parmi nous. Qui est son père,
quelle est sa patrie? je l'ignore. Je l'ai rencontré, tel que
vous le voyez, sur le port, quelques heures avant de faire
voile vers Athènes. Du haut d'une borne, il haranguait des
matelots, des pêcheurs, des ouvriers de la mer. Tous l'écoutaient religieusement et semblaient enchaînés par son éloquence. Comme j'étais de loisir, le vaisseau attendant, pour
lever l'ancre, que soufflât la brise du soir, je me mêlai à la
foule et j'écoutai. Je fus étonné, puis ravi. L'orateur décla-
mait des paroles étranges et prodigieuses; mais l'harmonie
coulait de sa bouche et il y avait tant d'autorité dans sa voix,
tant de persuasion dans ses gestes, que ses auditeurs pen-
saient à coup sûr que, seule, une divinité pouvait inspirer
son discours. Il révélait *le dieu inconnu*. La foule admirait
sans comprendre; je ne comprenais pas davantage et j'admi-
rais. Peut-être l'orateur entendait-il lui-même ses belles et
ténébreuses paroles? Sa harangue finie, je le pris à part, et,
entre nous, la discussion commença. Elle dure encore. Il
m'exprima le désir de visiter Athènes; j'avais moi-même le
désir de connaître à fond l'homme qui révélait un dieu et,
depuis lors, il est mon hôte. Il m'a appris que l'âme du divin
Orpheus habitait son corps et qu'il était le véritable Aglaophamos. C'est tout ce que je sais.

AGLAOPHAMOS

Et c'est tout ce que je sais moi-même. Je ne me connais
pas d'autre père que le Divin, ni d'autre patrie que l'éternelle

demeure. Depuis que mes yeux se sont ouverts à la lumière véritable, les choses qui passent n'intéressent pas mon esprit. Et je vais, remplissant ma mission. Aux ignorants et aux savants chargés de fausse science, je révèle le Dieu. Je suis celui qui vient de Dieu et qui retourne à Dieu.

KALLIKLÈS

J'éprouve, en ta présence, un respect mêlé de crainte. Dis-moi, Aglaophamos, cela serait-il vrai, qu'on m'a rapporté hier, que tu étais dans le secret des dieux, au point de pouvoir prédire aux mortels qui consultaient ta sagesse le sort qui leur était réservé dans l'avenir?

AGLAOPHAMOS

Oui, si je le veux.

KALLIKLÈS

Ce n'est pas que je désire, pour mon compte, t'interroger. J'estime que si beau que soit l'avenir que les dieux lui réservent, mieux vaut, pour l'homme, ne pas le connaître. Nous jouissons mieux du bonheur quand il vient nous surprendre, et c'est souffrir par avance du mal que de savoir qu'il nous attend.

AGLAOPHAMOS

Tu es comme la plupart des hommes; tu voudrais savoir et tu crains de savoir : esprit audacieux, âme pusillanime.

KALLIKLÈS

Peut-être dis-tu vrai, Aglaophamos.

AGLAOPHAMOS

Je dis certainement la vérité.

PLATON

Mes amis, voilà que le Discours s'enfuit. Nous oublions

Sokratès, et cela n'est ni beau ni permis. O mon doux maître! plus d'une fois, je t'ai vu, à cette même place, appuyé, comme je le suis maintenant, contre le tronc de ce platane que, selon la légende, Akadémos a planté. C'est ici que, devant moi, le démon familier parlait dans ton cœur, quand tu étais prêt à prendre de toi-même quelque résolution, ou à donner un conseil à un ami; c'est ici que ton âme ailée est revenue sans doute. Elle vole au-dessus de nos têtes, afin de nous protéger. Qu'elle nous conduise vers la justice et vers l'éternelle beauté!

(*Se tournant vers Eudoxos.*) Tu es le plus jeune d'entre nous, mon cher Eudoxos; c'est à toi que revient l'honneur de poser le problème que nous devons discuter aujourd'hui pour honorer la mémoire de Sokratès.

EUDOXOS

Je voudrais, Platon, pouvoir encore t'appeler mon maître; la vérité me le défend. C'est au nom de cette vérité, que j'aime plus que tout, que je me propose de réfuter ta doctrine. Je n'irai pas chercher loin le sujet du discours. Tu viens d'invoquer l'âme de Sokratès, la suppliant de nous assister; j'affirme que l'âme de ton maître ne répondra pas à l'appel. Sokratès a bu la ciguë: Sokratès est mort, Platon. Rien ne reste de lui, maintenant, sinon l'enseignement qu'il a laissé et que tu fais revivre. Son corps n'est plus, ni son intelligence; ses os ne sont qu'un peu de poussière confondue avec la terre; le Sokratès que vous avez connu, que vous avez aimé, éprouve, en ce moment, la joie immense de n'être nulle part. Voilà ce que je crois, Platon. Prétendre qu'une vie nouvelle commence au delà de la tombe, c'est se bercer l'esprit par des contes de nourrice, c'est imaginer que cela doit être que l'on voudrait qui fût. Prenons la vie telle qu'elle est. Les animaux et les plantes que nous pouvons observer naissent, se développent, atteignent la perfection qui leur est propre, puis déclinent et meurent. De même nous mourrons, nous qui sommes nés; nous entrerons dans l'éternel repos, après nous être agités un instant sur cette scène du monde où nous ne paraissons que pour bientôt après disparaître. Sokratès est mort, Platon, et tous les arguments ne le feront pas revivre.

KALLIKLÈS

Nous sommes vieux, nous n'avons plus longtemps à rester sur la terre, et ta parole audacieuse veut nous enlever la suprême consolation. Peut-être aurais-tu parlé autrement si tu avais mon âge? Pour moi, je ne sais si je suis immortel, mais cela ne me déplaît pas, par moments, de le croire un peu. J'aurais du chagrin si, dès maintenant, je restais convaincu qu'un jour viendra où Kalliklès aura la joie, comme tu dis, de n'être nulle part. Kalliklès te demande des preuves, Eudoxos.

EUDOXOS

Je donnerai des preuves, Kalliklès, et de convaincantes, si Platon m'autorise à parler.

PLATON

Parle, mon enfant, en toute liberté; oppose à mes raisons de croire tes raisons de ne pas croire. Hélas! je suis arrivé à l'âge où le temps n'est plus laissé à l'homme d'adopter des opinions nouvelles. J'écouterai avec attention tes arguments et tes preuves; j'y répondrai, si je le puis. Accepte d'abord cet éloge : le problème que tu proposes à notre discussion est le plus intéressant des problèmes et le plus beau. Vois, comme ta parole a secoué notre vieillesse! Depuis un moment, Aglaophamos t'épie curieusement, le regard caché

sous ses épais sourcils, et notre Antisthénès qui se fait gloire
de demeurer si longtemps immobile, a remué un bras :
c'est, chez lui, le signe d'une profonde émotion.

ANTISTHÉNÈS

Comment ne serais-je pas ému, Platon ? (*A Eudoxos*.)
Jeune homme, mieux eût valu ne pas agiter cette question
redoutable.

AGLAOPHAMOS

Trop tard ! Quand le combat est décidé, il est honteux de
battre en retraite.

EUDOXOS

En ce cas, Platon, puisque Aglaophamos m'encourage, je
monterai à l'assaut de ta doctrine.

Dans le *Phédon*, dans le *Phèdre*, dans quelques autres de
tes dialogues, tu soutiens, par des raisons qui tantôt semblent se déduire les unes des autres, et tantôt s'ajoutent les
unes aux autres afin de se prêter un mutuel appui, cette
thèse qui me paraît étrange : que l'âme de l'homme ne peut
mourir. Je dois, pour la commodité du discours, prendre,
une à une, les plus importantes des preuves que tu donnes ;
la réfutation viendra après si, comme je le crois, je les ai
exactement comprises. Je me propose, en concluant, d'expliquer ce qu'est, à mon sens, la condition de l'homme sur
la terre.

KALLIKLÈS

Tu emporteras un beau succès, Eudoxos, si toutefois tu
es vainqueur.

EUDOXOS

Il faut d'abord combattre. — L'âme est immortelle : tel
est, Platon, comme disent les géomètres, le théorème à
démontrer. Tu découvres un commencement de preuve
dans ce fait qu'il existe des philosophes, des hommes qui

sont à la poursuite de la science véritable. La vraie science,
dis-tu, ne peut naître de la sensation. Les sens ne sont que
des témoins trompeurs et variables, ils ne peuvent produire
que l'opinion ; tandis que la science est la pensée, pure de
tout alliage : l'intuition de l'intelligible par l'intelligence.
Pour rechercher la vérité, le philosophe doit, autant qu'il
est possible, s'affranchir de son corps, le supprimer, l'anéantir ; car les souillures de son corps l'empêchent de distinguer la vérité de l'erreur. Ainsi la philosophie habitue le
philosophe à penser que la mort, loin d'être une chute dans
le néant, est une délivrance du corps, une délivrance définitive de l'erreur. La vérité, que le philosophe cherche si
péniblement sur la terre, lui apparaîtra dans sa pureté et
dans sa majesté éclatantes quand, après la nuit du tom-
beau, une aube nouvelle se lèvera pour lui. Est-ce bien là
ton argument, Platon ?

PLATON

Il me semble le reconnaître, Eudoxos.

EUDOXOS

En voici un autre que tu déclares plus digne d'être remarqué. — Les contraires, dis-tu, dans le *Phédon*, je crois,
naissent des contraires. Le grand naît du petit, le beau du
laid, le réveil du sommeil : les contraires tournent en cercle.
Cela doit être : sinon, un moment viendrait, où les choses
cesseraient de naître. Or, la vie et la mort sont des contraires ; elles naissent donc l'une de l'autre et, si la mort
naît de la vie, il faut bien que la vie naisse de la mort. En
quittant ce monde, les âmes de ceux qui sont morts s'en
vont dans l'Hadès, puis retournent à la vie après avoir passé
par la mort. Cet argument est-il le tien, Platon ?

PLATON

Je reconnais aussi celui-là.

EUDOXOS

Et celui-ci qui te semble plus précieux encore : la preuve par la réminiscence?

PLATON

C'est de tous le plus précieux, Eudoxos; du moins je le juge tel.

EUDOXOS

Voici donc le précieux argument : la science humaine, s'il faut t'en croire, n'est que réminiscence. Si le principe est vrai, ajoutes-tu, il faut de toute nécessité que nous ayons appris, dans un autre temps, les choses dont nous nous souvenons aujourd'hui. Il suit de là que notre âme a existé avant d'avoir revêtu cette forme mortelle, et que c'est dans cette vie antérieure, avant sa chute sur la terre, qu'elle a contemplé ce qui est beau et juste, et toutes ces essences éternelles, et tous ces types auxquels, dans le monde sensible, elle rapporte les perceptions des sens.

Cet argument démontre que notre âme a existé avant la naissance, mais non pas, tu le reconnais toi-même, qu'elle doit survivre au corps. Il n'est qu'une moitié de preuve. — Voici l'autre moitié : S'il est vrai que notre âme existe avant que nous soyons nés, il faut, nécessairement, qu'en venant à la vie, elle sorte, pour ainsi dire, du sein de la mort : un enfant, dis-tu, conclurait immédiatement de là que l'âme survit au corps. — Peut-être qu'un enfant admettrait la conséquence, Platon, mais non pas un homme. L'argument, d'ailleurs, ne doit pas te paraître à ce point convaincant, puisque, pour le soutenir, tu proposes immédiatement une autre preuve, si forte, si nous te croyons, et si claire, celle-ci, qu'elle entraîne l'assentiment de tous.

— J'admire ton habileté, Platon. Quelle belle chose que l'art de persuader, et quel artiste incomparable tu es pour

arranger des mots et tendre des embûches à ceux qui
t'écoutent! Dans tes dialogues, Sokratès paraît jouer avec
les personnages que tu lui opposes. Ils discutent d'abord,
mais, bientôt, éblouis, fascinés, pris de vertige et ne sachant plus où se prendre, ils se résignent, bouche bée, à
admirer tout ce que dit ton maître. Comme les écoliers du
célèbre pédagogue Théodoros, les comparses de tes dialogues, Simmias, Kébès, Kriton et tant d'autres, répondent
toujours : oui. Ils acceptent tous les arguments et, vers la
fin du dialogue, ils ont l'air très fatigués. Moi, au moment
où je lis, je me demande pourquoi l'éblouissante clarté
de ces preuves ne saisit pas mon intelligence, pourquoi je
reste, tâtonnant dans le vide, comme un aveugle auquel
on voudrait persuader d'ouvrir les yeux pour admirer un
paysage.

La dissolution, dis-tu, n'est pas à craindre pour les choses
simples, qui sont toujours identiques à elles-mêmes ; or, les
êtres intelligibles sont des choses simples, et l'on ne saurait nier que l'âme ne soit de la nature des intelligibles,
puisque, naturellement et d'elle-même, elle se porte vers
ce qui est pur, éternel, immuable, à moins que le corps
n'intervienne et ne l'en détourne. Le corps, en effet, la
trouble, l'entraîne, lui donne des vertiges; elle s'égare et
chancelle. Mais, délivrée du corps, elle tend vers l'intelligible et participe de sa nature. Il en résulte que la
mort atteint le corps mais non l'âme : au contraire, elle
brise ses chaînes. Voilà ton argument, Platon, le reconnais-tu?

PLATON

Comment ne pas le reconnaître? il se plaindrait certainement, Eudoxos, si je ne le reconnaissais pas.

EUDOXOS

Il me paraît absurde, Platon.

PLATON

C'est peut-être, mon ami, que tu ne l'entends pas.

EUDOXOS

A moins que ce ne soit parce que je comprends qu'on ne peut raisonnablement l'entendre. Je l'examinerai tout à l'heure : nous verrons s'il est inintelligible ou si je suis inintelligent. Auparavant, je dois, pour obéir au Discours, présenter tes dernières preuves.

Simmias, dans le *Phédon*, risque timidement une objection contre les démonstrations qui ont précédé. On pourrait, dit-il, comparer l'âme à l'harmonie d'une lyre ; or, de même que l'harmonie s'évanouit aussitôt que sont rompues les cordes de la lyre, de même l'âme s'évanouit, aussitôt que la vie est enlevée au corps dont l'âme est l'harmonie. — L'argument est sans force, répond Sokratès, car la comparaison est inexacte. Si l'harmonie est produite par la lyre et en résulte, l'âme, au contraire, est indépendante du corps. Elle existe antérieurement au corps, puisque apprendre n'est que se souvenir, et puis, encore, que l'âme commande au corps Le vieil aède ne dit-il pas, dans l'*Odyssée*, qu'Odusseus se frappe la poitrine et gourmande son cœur par ces paroles : « Supporte encore ceci, mon cœur, tu as supporté des choses plus dures » ? C'est donc que l'âme est supérieure au corps, si elle veut être obéie, ce qui ne se pourrait si l'âme résultait du corps. Elle dépendrait de lui, en ce cas, et serait sa servante. Il serait plus vrai de dire que le corps dépend de l'âme, puisque c'est elle qui apporte la vie partout où elle entre : elle anime le corps, elle est principe de vie. Comment, dès lors, ne repousserait-elle pas la mort? Comment pourrait-elle recevoir ce qui est contraire à ce qu'elle apporte? Sans son intervention, le corps ne peut ni vivre, ni se mouvoir. C'est parce qu'elle est l'être qui se meut lui-même qu'elle peut imprimer le mouvement au corps, et, d'une autre part, étant par essence cet être qui se meut lui-même, elle ne saurait faillir à elle-même en cessant de se mouvoir.

KALLIKLÈS

A moins que mon souvenir ne me trompe, c'est au *Phèdre*, Eudoxos, que tu as emprunté cet argument?

EUDOXOS

Ta mémoire est fidèle, Kalliklès.

En voici un autre que je prends dans la *République*. Je le veux exposer aussi afin que Platon ne m'accuse pas de laisser de côté la moindre de ses preuves.

PLATON

Je ne pense pas à t'accuser, mon cher Eudoxos ; je songe plutôt à me défendre, car ton attaque est rude et je suis vieux.

EUDOXOS

Eh bien ! Platon, tu te défendras. Je te sais l'esprit assez subtil pour ne pas rester court devant mes critiques, et Kalliklès, j'en suis sûr, ne me contredira pas.

KALLIKLÈS

Non, certes, Eudoxos, et j'ai des raisons pour ne pas te contredire. Nous sommes, depuis si longtemps, Platon et moi, adversaires et amis, nous avons si souvent et si long-temps discuté l'un contre l'autre que je crois bien le con-naître. Je t'engage à ne pas le ménager à cause de sa vieil-lesse. Sois assuré que son intelligence est toujours aussi alerte et aussi vigoureuse. Va, jeune athlète, frappe des pieds et des mains, combats de toutes tes forces, et méfie-toi des ruses de l'ennemi ; je les connais, j'en ai souffert.

EUDOXOS

Je combattrai de mon mieux, Kalliklès.

Voici l'argument : chaque chose, dis-tu, Platon, a son mal et son bien propres. Quand elle est détruite, c'est par le principe corrupteur qu'elle porte en elle et non par une cause étrangère à sa nature. Quel serait le mal spécial de l'âme, sinon le vice et l'injustice ?

Or, nous voyons que les vices de l'âme ne parviennent pas à l'anéantir ; c'est donc que l'âme est immortelle et qu'elle échappe à toute destruction possible.

En résumé, l'âme, Platon, t'apparaît comme une essence simple, distincte du corps et commandant au corps ; elle existe avant lui, puisque connaître n'est que se souvenir ; elle existera après lui, puisque les contraires naissent des contraires ; elle est immortelle, de la nature de ces êtres intelligibles qui lui apparaissent immuables et éternels ; elle est principe de vie et principe de mouvement et ne peut ni cesser de vivre, ni cesser de se mouvoir ; enfin, puisque le vice lui-même ne peut la détruire, elle est indestructible. Ce sont là tes preuves, Platon. Autant d'arguments, autant de sophismes !

PLATON

Il ne te reste plus, Eudoxos, qu'à faire la démonstration promise.

EUDOXOS

Et par Pollux, je la ferai, Platon. Laisse-moi signaler, avant le plus adroit de tes artifices, celui grâce auquel tu séduis le plus souvent et tu persuades ceux qui t'écoutent. — Chacune de tes preuves, examinée en elle-même, n'a pas grande valeur, et tu le reconnaîtrais toi-même pour peu qu'on te pressât : mais tu as soin de ne pas la séparer des autres et tu fais en sorte qu'elles se prêtent toutes assistance et appui. La première proposition, tu la démontres par la seconde, la

seconde par la troisième ; puis tu remontes jusqu'à la première pour expliquer la troisième, et ainsi de suite jusqu'au
moment où tes auditeurs sont persuadés. En réalité, tu ne
prouves rien, mais tu changes prestigieusement, à chaque
instant, le point de vue de la discussion, et l'auditeur oublie,
quand tu démontres, par exemple, le troisième argument
par le premier, que le premier lui-même n'est pas démontré
et qu'il a besoin de demander aide au second, qui s'appuie
contre le troisième pour ne pas tomber. Et cet habile grou-
pement de faiblesses produit l'illusion de la force. De loin,
on dirait un faisceau de preuves contre lequel la logique ne
peut mordre ; dès qu'on approche et qu'on regarde de près,
les preuves s'évanouissent les unes après les autres, et que
reste-t-il ? rien, ou si peu de chose, que cela ne suffirait pas
à persuader un enfant intelligent. Cette hypothèse, que l'âme
existe séparée du corps, règne sur l'ensemble de tes arguments, qui ne démontrent que l'âme est immortelle que parce
qu'ils supposent une essence à laquelle on peut attribuer
telles ou telles qualité qui la font immortelle. Cela s'appelle
jouer avec les mots, Platon, mais non pas démontrer. La
science et la vérité réclament davantage.

KALLIKLÈS

Et il faut leur donner ce qu'elles réclament, Eudoxos.

EUDOXOS

Je vais essayer, Kalliklès.

— Qu'entends-tu, Platon, par cette formule : l'âme commande au corps ? Je ne le sais pas au juste. J'ai vu que
les instincts, les passions et les intérêts conduisaient les
hommes plus souvent que l'intelligence. Si tu consultais
ton ami Aristippos, il te dirait que l'attrait de la volupté est
le seul mobile des actions humaines. Rien ne prouve donc

que ce que tu appelles l'âme soit supérieur au corps. Il ne l'est pas toujours du moins, ni quand il veut l'être.

— Il faudra cependant t'accorder, dis-tu, qu'elle préexiste au corps, puisque connaître n'est que se souvenir. — Je comprends moins encore, s'il est possible, cet argument que le précédent. Comment ! te voilà en présence d'un redoutable problème et, au lieu de l'étudier directement, tu remplaces la difficulté première par une autre plus inextricable encore ! Et tu raisonnes de la façon suivante : mise, autrefois, en présence des vérités éternelles, l'âme a pu les contempler ; elle a été unie à elles, elle s'est, pour ainsi dire, imprégnée de leur essence intelligible et de leur beauté. C'est pourquoi, dans le monde sensible où elle vit maintenant, à travers les opinions trompeuses que les sens lui suggèrent, elle peut, guidée comme par une lumière intérieure, retrouver les vérités qu'elle a connues autrefois et aimées, et distinguer, des apparences qui passent, la vérité qui ne passe pas.

— Mais que l'âme a été, une première fois, mise en communication avec ces prétendus êtres intelligibles, cela, tu le supposes, Platon, mais tu ne l'expliques pas. Tu n'expliques donc pas ce que c'est que connaître, et non plus ce que c'est que se souvenir. Ce n'est pas expliquer qu'expliquer un terme par un autre quand on n'explique pas le premier.

Il y a deux ans, à Memphis, j'ai eu l'occasion de voir un barbare qui venait, disait-on, des rives de l'Indus. Cet homme étrange, aux traits bronzés, était d'une habileté prodigieuse. Une petite table, disposée devant lui, était recouverte des objets les plus communs et les plus vulgaires : quelques cailloux et quelques herbes cueillies sur le chemin, des pois chiches, que sais-je encore ? De la main droite, l'Indien tenait une baguette noire. Il frappait sur la table à trois reprises et, aussitôt, comme par enchantement, les cailloux, les herbes et les pois chiches disparaissaient : à leur place, surgissaient, de la table elle-même, des couronnes

de poète et une gerbe de roses d'où s'envolaient deux
colombes amoureuses. La foule, ravie, applaudissait ; la
foule applaudit toujours. Eh bien, Platon, ton habileté est
aussi prodigieuse que celle de l'Indien, et du même genre.
Alors que, sur ton chemin, tu rencontres une difficulté, tu
frappes trois coups sur la table et la difficulté s'évanouit : à
la place surgissent des roses odorantes et des tourterelles.
Au lieu d'enseigner à tes auditeurs comment l'âme connaît
et comment elle se souvient, tu affirmes qu'elle a connu et
qu'elle se souvient parce qu'elle est immortelle. On te tient
quitte et tu es applaudi : l'on oublie même que tu avais
promis d'apporter une preuve.

Si, du moins, de cette âme que tu déclares immortelle, tu
donnais une définition précise ? Mais, comme ce fils de
Poséidon, gardien des troupeaux de la mer, qui, pour
échapper aux poursuivants, revêtait de trompeuses apparences, l'âme humaine, s'il faut t'en croire, serait tant de
choses différentes qu'on ne peut plus savoir au juste ce
qu'elle est. C'est une essence, dis-tu, toujours identique à
elle-même ; elle est de la nature des êtres intelligibles ; elle
est le lieu des idées : moyen terme, grâce auquel le monde
sensible et le monde intelligible sont mis en rapport ; elle
est autre chose encore : principe de vie, principe de mouvement et, enfin, le siège des passions puisqu'elles la portent
au mal. — Elle est à la fois trop de choses différentes, Platon.

Raisonnons : l'âme, selon toi, est de la nature des êtres
intelligibles. Ces intelligibles, où sont-ils ? J'entends que tu
affirmes qu'ils existent en dehors de nous, et que tu leur
donnes une réalité de beaucoup supérieure à celle de nos
idées. Il se peut même que tu comprennes ce qu'ils sont,
puisque tu les déclares intelligibles, mais tu ne dis pas ce
qu'ils sont. Ce n'est pas assez de prétendre que ce sont des
essences. Je ne sais, moi, définir un objet que par ses qualités et ses propriétés sensibles, et tes essences, Platon,

n'ont aucune qualité sensible par où je puisse les saisir et m'emparer d'elles. Enchaînés dans la caverne, où ils tournent le dos à la lumière, les hommes, s'il faut t'en croire, ne voient que des ombres, et, au delà, existe la réalité. Mais cette réalité tu devrais nous la montrer; tu ne le fais pas, tu ne le peux pas. Ce qui paraît, je le vois et je le comprends; je puis, en l'analysant, le connaître. Pourquoi donc imaginer au delà de l'être qui paraît, et pour l'expliquer, un autre être qui ne paraît pas, que nous ne pouvons pas connaître? C'est ce qui paraît, Platon, qui existe, et non ce qui ne paraît pas. Les êtres que nous voyons et que tu appelles des fantômes et des ombres sont la seule réalité; nous ne pouvons en atteindre, ni même en imaginer d'autres.

Le Discours, sur ce point, me conduit à conclure que l'âme, si elle est, comme tu l'affirmes, de la nature des essences éternelles, est un être de fantaisie, comme sont ces intelligibles auxquels elle ressemble.

— Mais elle existe, reprends-tu, et comment n'existerait-elle pas puisqu'elle apporte au corps la vie et le mouvement? Elle existe et elle est immortelle : principe de vie elle ne peut recevoir le contraire de ce qu'elle apporte. Tu prétends d'une autre part, que la vie vient de la mort et que la mort vient de la vie, et si un adversaire en disait autant, tu ne manquerais pas de lui faire des reproches. Comment se peut-il, dirais-tu, que la vie vienne de la mort si l'âme ne peut rien tenir de ce qui est contraire à la vie? Ce reproche, Platon, je n'entends pas te l'adresser. Ta pensée, si j'ai su la comprendre, serait que l'âme seule est cause, qu'elle seule apporte la vie, que c'est elle, alors qu'elle change de corps, qui passe par les contraires, allant de la vie à la mort, de la mort à la vie. Mais, par Pollux, je maintiens à bon droit que cet argument, par lequel tu prétends démontrer que l'âme existe et qu'elle est immortelle, suppose cela, que l'âme existe; et, en effet, tu appelles l'âme la source de la vie.

Comment peux-tu dire, d'ailleurs, que les contraires engendrent les contraires, que le grand naît du petit, que la vie procède de la mort? Si le Sphinx, sur la route de Thèbes, eût posé de telles énigmes au malheureux Oïdipous, il ne les eût certes pas résolues. Le grand et le petit, d'abord, ne sont pas des contraires, ou, plus exactement, ni le grand n'existe, ni le petit. Ils existent par comparaison l'un avec l'autre. Les choses grandes ne sont grandes que par rapport à d'autres plus petites : elles seraient petites, rapprochées d'autres plus grandes. Pour un homme qui observe les choses avec précision, il me semble que cette affirmation, que les contraires naissent des contraires, est vide de tout sens. Réfléchis, je te prie, qu'on ne peut comparer que des choses semblables entre elles par quelques points, dissemblables par d'autres, mais non pas des choses entièrement dissemblables. Or, rien n'est plus dissemblable que des contraires, et, s'ils naissent les uns des autres, rien ne pourrait désormais provoquer l'étonnement ; non, pas même cette fable qu'on nous enseigne dès l'enfance, que Poseïdon, en frappant de son trident le sol de l'Attique, en a fait surgir un cheval fougueux.

Nous écarterons, si tu le veux bien, la preuve par les contraires, et nous conserverons, pour l'examiner, cet autre argument, que c'est l'âme qui apporte la vie au corps et qui le meut : l'âme est principe de vie. Elle fait circuler le sang dans les veines, jouer les articulations; elle comprime ou détend les muscles. Grâce à elle, nous pouvons respirer, marcher, courir, vivre enfin. Qu'est-ce que le mouvement, sinon le signe de la vie? Je vois toujours que tu affirmes que l'âme existe ; et, afin de mieux persuader les autres de son existence tu ajoutes qu'elle est la vie. Mais ce n'est pas là définir l'âme ni prouver son existence : tu déclares seulement qu'elle est, et tu le déclares si souvent, que tu finis par convaincre de son existence ceux qui t'écoutent et peut-être aussi toi qui leur parles. Pourtant, si l'âme n'existait pas, Platon? Peut-être l'âme n'existe-t-elle pas?

Quand je m'observe afin de surprendre en moi les secrets de la vie, je vois que mes organes, les uns à mon gré, d'autres sans que j'intervienne, fonctionnent naturellement. C'est ce fonctionnement que j'appelle la vie. J'en conclus que mon corps est constitué pour se mouvoir et pour agir. Je constate ainsi que je vis, mais je n'explique pas la vie, je ne me rends même pas exactement compte des fonctions elles-mêmes. Comment les aliments introduits dans nos organes se transforment-ils de manière à faire du sang et à entretenir les tissus? je l'ignore. En quoi serai-je plus savant si j'affirme que c'est l'âme qui est la cause de la vie? D'où vient la vie? nos descendants l'apprendront peut-être. La science, comme un enfant dans les langes, balbutie encore; il faut attendre qu'elle se développe et qu'elle grandisse. J'entends la vraie science, Platon, et non la tienne qui n'est qu'un tissu d'imaginations.

Disciple de Sokratès, tu professes, d'après ton maître, que la connaissance de soi est le point de départ de la science véritable et le commencement de la sagesse. C'est chercher la science et la sagesse où elles ne peuvent être. Les prêtres d'Apollon ont inscrit un mensonge sur le fronton du temple de Delphes. Il n'est pas possible à l'homme de se connaître, du moins dans le sens où tu entends la connaissance de soi, ni les autres choses d'après cette connaissance qu'il aurait prise de lui-même. Elle est une source intarissable de sophismes, cette antique et célèbre maxime. Ces hommes, tes amis, Platon, auxquels je donnerais volontiers le nom de psychologues, qui se font gloire de connaître leur âme et l'âme des autres hommes, ne sont que des rêveurs et des conteurs de fables, des hommes dangereux pour la cité, et que, si j'étais le maître, je reconduirais jusqu'au delà des portes — sans les couronner de fleurs. Si tu n'étais pas dupe de l'arrangement des mots, tu reconnaîtrais qu'il nous est impossible de tourner nos yeux en dedans afin de contempler cette âme que tu appelles la cause de la vie et de la pensée. Certes, c'est un fait, que je suis vivant, et c'est encore un fait, que je pense, puisque je suis ici, au milieu de vous, à discourir, à discuter...

KALLIKLÈS

Tu pourrais ajouter : à combattre.

EUDOXOS

J'ajouterai : à combattre, pour t'être agréable, Kalliklès. Mais de ce fait que je vis et que je pense, il ressort que je vis et que je pense, et non pas autre chose. Par l'observation je pourrai analyser et décrire les mouvements du corps, je pourrai encore grouper mes pensées et les classer selon qu'elles se ressemblent ou selon qu'elles diffèrent, distinguer la mémoire de la fantaisie, la fantaisie du désir et de la volonté, retrouver en un mot les éléments de mon être sensible que je puis connaître; mais une âme distincte de cet être, comment pourrais-je la découvrir? Je suis formé d'un ensemble d'organes d'où résultent mes pensées, qui restent acquises pour la pensée future : c'est la mémoire; il n'existe pas en moi quelque autre chose, par quoi je puisse penser tantôt une pensée tantôt une autre, et qui, en outre, aurait pour fonction d'ordonner toutes ces pensées et de leur assigner un rang. Et il n'y a pas de science de l'âme puisqu'il n'y a pas d'âme, si par ce mot on entend désigner autre chose que l'ensemble harmonique des organes. Car tu as beau la décrire, cette âme, elle n'existe pas, Platon; tu as beau dire que l'âme du sage a des ailes, grâce auxquelles elle peut regagner le monde intelligible, sa vraie patrie, tu as beau affirmer qu'elle est principe de vie et qu'elle est immortelle, tu ne peux ni l'observer ni la connaître, et tu n'as pas le droit de dire qu'elle existe. Ce que tu peux observer, ce sont des pensées particulières, des émotions, des passions, telle qualité encore ou tel vice ; ce sont là des choses qui paraissent, qui se montrent et qu'on peut saisir ; tu ne peux pas connaître autre chose, Platon, parce qu'il n'y a pas autre chose. Un second homme n'existe pas qui regarderait l'autre penser, sentir, vouloir, et qui s'identifierait avec le premier dans ses différentes opérations. Est-il possible de se regarder penser ? Pourrais-tu te mettre sur ta porte pour te regarder passer dans le chemin ? Et si telle chose que l'âme n'existe même pas, rien d'étonnant à ce que tes preuves soient si faibles qui tendent à démontrer qu'elle est immortelle.

La vérité est ailleurs et il faut la chercher autrement. Au lieu de fermer les yeux afin d'étudier les vaines opérations de l'âme, il faut les ouvrir grandement sur le dehors, observer, analyser tout ce que nous pouvons voir, en faire un minutieux catalogue, travailler enfin à acquérir des connaissances exactes et précises qui nous donneront un pouvoir sur la nature, qui nous rendront mieux instruits et plus puissants. Apprenons à connaître la nature, avant de prétendre nous connaître ; ce n'est qu'après l'avoir connue que nous pourrons savoir ce que nous sommes nous-mêmes. De grâce, Platon, abandonnons aux vieilles femmes, aux nourrices et aux poètes ces fables qui enchantent les enfants. La philosophie est une science austère et non pas un amusement. Elle doit envelopper tout le savoir acquis.

Quand Eudoxos eut fini de parler, il y eut un silence. Les interlocuteurs, pendant quelques instants, se regardèrent avec inquiétude. Il y avait de la provocation et quelque fierté dans les regards d'Eudoxos. Aglaophamos tournait ses yeux, tantôt à droite, tantôt à gauche, comme s'il eût cherché quelque chose et attendu quelqu'un. Antisthénès caressait de sa main ridée sa longue barbe blanche, et Kalliklès, avec un étonnement joyeux, observait le jeune homme, dont le discours l'avait surpris. Quelques disciples de Platon, des éphèbes qui, peu à peu, s'étaient rapprochés et écoutaient debout, dissimulaient mal leur colère contre Eudoxos. Ils semblaient craindre que leur maître aimé ne pût facilement répondre à la violence de ces arguments qui sapaient tant de belles croyances. Cependant, sa belle et puissante tête inclinée légèrement sur son épaule droite, Platon souriait d'un beau sourire. Puis, d'un geste noble, il releva le front, regarda son adversaire et le discours reprit.

PLATON

Mon cher ami, j'éprouve un grand embarras à te répondre. Ce n'est pas que les arguments m'aient complètement persuadé de la fausseté de ma doctrine ; mais tu es très jeune et je suis très vieux, trop vieux pour accepter, au sujet des problèmes que nous discutons, des solutions nouvelles ; à peine, s'il plaît aux dieux, le temps me sera-t-il laissé d'approfondir encore et d'examiner sous d'autres faces les thèses que j'ai posées moi-même, ou celles que je tiens de mon maître. Ces thèses, Eudoxos, tu les as combattues avec une violence telle que tout espoir m'est interdit de te persuader ou de te convaincre. Mieux vaudrait peut-être en rester là, et nous séparer bons amis, que de continuer un discours inutile pour toi, et pour moi dangereux. Regarde-moi : je suis un vieillard, l'âge a alourdi l'intelligence que les dieux m'ont donnée ; si je puis combattre encore, ce n'est pas, tu dois en convenir, à armes égales. Si, de plus, notre discours doit se départir du ton aimable en usage parmi les philosophes qui discutent, pour tomber dans la violence, sinon dans l'injure, il me paraît préférable de l'arrêter dès à présent : mes habitudes et mon âge m'empêcheraient de te suivre dans cette voie, et aussi mon respect pour Sokratès, que notre discours voudrait honorer.

EUDOXOS

Peut-être, Platon, que mon amour pour la vérité m'a entraîné plus loin que je n'aurais voulu ; mais je n'oublie pas que tu as été mon maître et que, le premier, tu m'as appris à respecter les vieillards.

PLATON

Ta réponse me rassure.

AGLAOPHAMOS

Elle me rassure aussi, Platon. Si jamais Eudoxos était le maître à Athènes, sans aucun doute il te condamnerait à l'exil. Peut-être ne te refuserait-il pas, quoi qu'il dise, la couronne du poète ?

PLATON

Et toi aussi, mon cher hôte, tu m'exilerais, si tu étais un jour tout-puissant à Athènes.

Eudoxos, j'ai beaucoup vécu ; je connais quelque peu les hommes et je sais combien est glissante cette pente qui nous entraîne, de l'attrait de la lutte la plus courtoise et la plus noble telle que la nôtre, à l'emportement et parfois à l'injure. Souvent, quand nous nous apercevons que le discours nous a conduits trop loin, il est trop tard pour rebrousser chemin. Ce que je dis est vrai, surtout pour les jeunes gens dont le sang est plus chaud et court plus rapidement dans les veines ; cela est vrai aussi, parfois, pour les vieillards, et notre Aglaophamos, si j'en juge par son visage qui semble irrité,

ne demanderait pas mieux que de combattre : il est très
vieux pourtant. C'est que l'homme, qu'il soit jeune ou vieux,
n'aime pas qu'on le contredise. Être d'une autre opinion
que la sienne, c'est avoir tort ; il veut être vainqueur dans
toutes les luttes qu'il soutient, même si c'est pour s'amuser
ou pour s'instruire qu'il combat. Écoute : hier, dans la soi-
rée, avant qu'Hélios s'abaissât derrière la colline, Aglaophamos et moi, selon notre habitude, nous discutions dans le
jardin ce redoutable problème que les philosophes aiment
à agiter, quand le moment est venu pour eux de songer à la
mort : quel est pour l'homme le Souverain Bien ? Et nous ne
parvenions pas à nous persuader mutuellement. Notre discussion fut interrompue par l'arrivée de deux éphèbes. Ils
avaient franchi en riant le large fossé qui sépare, de notre
jardin, la route qui conduit à Athènes, et, toujours riant, ils
se poursuivaient le long des allées. Ils étaient beaux tous
deux. C'était une joie pour moi de les regarder courir. Dès
qu'ils se furent rejoints, tout près d'ici, à deux pas de la
statue d'Éros, ils enlevèrent prestement leur chlamyde et se
prirent à lutter. Quelle élégance et quelle souplesse dans
leurs mouvements ! Ils semblaient être également vigoureux,
et, du tertre où nous étions, nous pouvions voir très exactement les muscles tendus se dessiner sous la peau. Les
membres enlacés, poitrine contre poitrine, chacun semblait
faire un effort surhumain pour renverser l'autre. Mais en
vain. Ni l'un ni l'autre ne fléchissait. Leurs pieds semblaient
avoir pris racine dans le sol. Cette lutte, pourtant, n'était
qu'un jeu. Quand les deux enfants, reprenant haleine, se
regardaient, un sourire de bonté éclairait leur regard. Bientôt
ils s'avisèrent que nous les observions. Excités par notre
présence, la lutte entre eux recommença, plus ardente. Chacun, maintenant, voulait montrer qu'il était plus fort que
l'autre, et plus agile. Les cœurs étaient pénétrés du désir de
la victoire. Les visages avaient pris une expression sérieuse,

presque irritée. Ils ne souriaient plus : c'étaient des adversaires qui combattaient. Si je n'étais intervenu, à ce moment, il est à craindre, mon cher Eudoxos, que le jeu des deux enfants ne se fût terminé en un combat cruel.

EUDOXOS

Penserais-tu vraiment, Platon, que mon désir fût de combattre autrement que par des arguments?

PLATON

Je ne le pense pas; mais, à vrai dire, je le crains un peu. C'est que le Discours me conduira peut-être, Eudoxos, à te dire des paroles qui ne seront pas toujours agréables à entendre.

EUDOXOS

Je les entendrai tout de même, Platon.

PLATON

Sans te fâcher?

EUDOXOS

Sans me fâcher.

PLATON

Puisque tu consens à ne pas te fâcher, mon jeune ami, je t'interrogerai à mon tour, et, ensuite, je m'appliquerai à te répondre.

Il se peut que je me trompe; ma mémoire n'est plus, comme autrefois, fidèle et prompte; il me semble, cependant, qu'il ne s'en faut pas de beaucoup que huit années se soient écoulées depuis que tu as quitté l'Académie.

EUDOXOS

Il s'en faut de quelques jours à peine.

PLATON

Voici que mes souvenirs reviennent comme des oiseaux
évadés qui rentreraient dans la cage dès qu'on les appelle.
Je te revois tel que tu étais, adolescent à peine. La barbe
n'avait pas encore allongé ton visage, et, déjà, il y avait je
ne sais quelle fierté dans tes yeux. Tu m'as dit que tu quit-
tais Athènes pour courir le monde et t'instruire, afin de pouvoir être, un jour, utile à ta patrie.

EUDOXOS

Je n'étais qu'un adolescent, Platon, tu viens de le dire toi-
même.

PLATON

Mais je ne t'adresse aucun reproche. Ton enthousiasme,
ce jour-là, m'avait amusé. L'enthousiasme convient à la jeunesse. D'ailleurs, beaucoup plus que d'autres, tu as tenu les
promesses que tu t'étais faites à toi-même, et Knide te
regarde aujourd'hui comme le meilleur de ses fils. Tu es un
de ces êtres privilégiés que les immortels comblent de leurs
dons ; ton nom est un de ceux que les vieillards eux-mêmes,
à Athènes, prononcent avec respect.

EUDOXOS

O Platon, je t'en prie, ne te joue pas de moi. Je sais maintenant que l'univers est plus vaste que je ne le croyais autrefois, et je sais encore que si j'ai quelque réputation à Knide,
je suis inconnu à Athènes. Je puis, du moins, me rendre
cette justice, que je n'ai pas perdu mon temps. Partout, selon
qu'il m'a été donné de le faire, j'ai observé la nature, j'ai
médité et, de plus en plus, je me suis éloigné de la philosophie que tu m'avais apprise.

PLATON

Tu as interrogé les hommes et observé les choses. A l'enseignement de l'école tu as comparé les enseignements de l'expérience, et c'est après avoir ouvert les yeux tout grands sur le dehors que tu as méprisé Platon, ne reconnaissant qu'un seul maître : la grande Nature.

EUDOXOS

C'est à peu près cela, sauf que je n'ai pas méprisé Platon.

PLATON

Pas lui, peut-être, mais sa doctrine; peu importe, d'ailleurs. Dis-moi, maintenant : quand tu interrogeais les hommes, dans les îles, ou en Égypte, n'as-tu pas remarqué qu'ils ne répondaient pas tous exactement à tes questions? que les uns répondaient comme il fallait répondre, d'autres d'une façon obscure? que d'autres, enfin, ne répondaient pas parce qu'ils n'avaient pas compris?

EUDOXOS

Comment ne l'aurais-je pas remarqué? Il est des hommes qui entendent immédiatement une démonstration géométrique et d'autres qui ne l'entendront jamais, quelles que soient les explications qu'on leur donne.

PLATON

Eh bien! nous dirons des premiers, si tu le veux, qu'ils ont l'esprit géométrique, de même que nous dirions de ceux qui, plus facilement que d'autres, apprennent à jouer de la lyre, qu'ils ont l'esprit musical.

EUDOXOS

Nous le dirons pour te faire plaisir; mais, Platon, pourquoi le dirons-nous et où veux-tu en venir?

PLATON

Attends un peu, le Discours nous conduira. Il nous a appris

déjà qu'il y a des intelligences d'ordre différent, les unes comprenant mieux, d'autres moins bien, les unes comprenant certaines choses que d'autres ne comprennent pas.

EUDOXOS

Je le reconnais. Mais je voudrais savoir, Platon, à quelle fin tend le Discours. Je suis comme un aveugle qui avance à tâtons dans les ténèbres.

PLATON

Comme tu es impatient et méfiant ! Tu crains déjà que le vieux Platon ne te tende un piège, et tu l'obliges à satisfaire ta curiosité plus tôt que ne le voudrait le Discours. Le Discours se propose de démontrer à Eudoxos que, s'il est excellent géomètre, il n'est pas encore philosophe.

EUDOXOS

Mais je me fais gloire, Platon, de n'être et de ne vouloir être qu'un géomètre, qu'un astronome, qu'un observateur exact des choses que je vois. La géométrie n'est pas méprisable et tu ne l'as pas toujours méprisée.

PLATON

Apollon joueur de lyre m'est témoin que je ne la méprise pas.

EUDOXOS

N'as-tu pas dit, autrefois, que nul ne devait entrer dans ton école s'il n'était géomètre ?

PLATON

Et je le redis souvent, mon ami, en ajoutant, toutefois, que nul n'y restera s'il n'est que géomètre. Car j'ai pu observer — j'observe aussi, moi, Eudoxos — que ceux qui ne sont que géomètres font peu de cas de la philosophie et

des philosophes. Ils appliquent aux questions philosophiques
la méthode que leur a enseignée cette science qu'ils aiment,
et, comme ces questions sont telles, qu'on ne peut les
aborder et les pénétrer par l'observation des choses sensibles, leur esprit, se trouvant sans point d'appui, perd l'équi-
libre et n'a plus d'autre ressource que la négation et le
mépris. C'est parce que tu n'es que géomètre, Eudoxos, que
tu n'entends pas les souverains problèmes qu'agitent les
philosophes, et c'est parce que tu n'entends pas que tu
essaies de réfuter et que tu nies.

EUDOXOS

Et si j'avouais, Platon, qu'en ce moment, malgré mon
attention, je ne puis trouver un sens à tes paroles, peut-
être serais-tu étonné ?

PLATON

Non, mon ami, le contraire m'étonnerait davantage ; je ne
voudrais maintenant que te faire comprendre pourquoi tu ne
peux pas comprendre.

EUDOXOS

Essaie toujours, Platon. Je suis de loisir et j'écoute.

PLATON

Une fois qu'il eût établi le plan de la création, le Démiurge
se réjouit dans son cœur. Le monde dont il avait combiné
les éléments était harmonieux et beau, un, à la fois, et
divers. Deux choses n'existaient, ni deux êtres, absolument
identiques l'un à l'autre ; mais ni deux choses, ni deux êtres,
n'étaient absolument différents. Êtres et choses avaient
entre eux comme un air de parenté. Chaque chose et chaque
être conservaient leur individualité propre, mais s'harmoni-
saient avec les autres êtres et les autres choses d'une façon
si exacte que les uns devenaient les compléments des autres.

Ainsi l'ensemble des êtres et des choses formait un harmonieux concert. Mais seule une intelligence divine est de nature à saisir tous les rapports dont les combinaisons savantes fondent la subtile harmonie qui s'élève de la création. Et cela est juste, Eudoxos : les mortels ne sauraient prétendre à l'intelligence des dieux. Mais c'est aussi parce que l'intelligence des hommes est une et diverse à la fois, comme tout ce qui a été créé, qu'elle est capable de comprendre quelque chose si elle ne peut tout comprendre. Aucun de nous n'entend l'harmonie tout entière qui enveloppe et soutient l'Univers. Nos intelligences sont semblables entre elles, non pas identiques. Les uns comprennent mieux, d'autres moins bien ; les uns comprennent certaines choses que d'autres ne comprennent pas : et ce que nous ne savons pas comprendre, nous le méprisons quelque peu. C'est la source de nombreuses querelles entre les hommes ; elles sont futiles et vaines et récréent les dieux sans les réjouir.

Voilà pourquoi, Eudoxos, il existe des intelligences de plusieurs ordres. Peut-être pourrions-nous les distinguer et les classer ?

EUDOXOS

Peut-être ? Mais tu parles par énigmes, Platon, et je persiste à ne pas te comprendre.

PLATON

Attends un peu. L'énigme bientôt s'éclaircira d'elle-même, et, je l'espère, tu comprendras.

En laissant de côté les différences nombreuses qui séparent les esprits, et dont je ne méconnais pas l'importance, j'établis deux catégories fondamentales d'intelligences distinctes. Elles se complètent l'une par l'autre afin d'obéir au plan du Démiurge. Je ne dirai pas de ces deux intelligences que l'une est supérieure, l'autre inférieure ; puisqu'elles

font toutes deux partie, au même titre, de l'œuvre divine;
je ne veux que montrer qu'elles ne se proposent pas le
même objet. J'appellerai, si tu le permets, l'une géométrique, l'autre critique.

L'esprit géométrique a pour fonction de tirer les conséquences de principes, quels qu'ils soient, tantôt fournis par
l'intelligence elle-même, comme sont les axiomes de la géométrie, tantôt par l'observation des phénomènes naturels.
Ou bien il conclut du général au particulier, ou bien il
s'élève du particulier au général, de l'observation des phénomènes à la conception de l'harmonie générale des phénomènes. Tout le temps qu'il déduit ou qu'il généralise,
l'esprit géométrique se développe sûrement et à son aise; à
chaque instant, nous sommes témoins qu'il fait des découvertes utiles pour les hommes. Mais ces principes, sur
lesquels il édifie la science, l'esprit géométrique ne les discute pas.

Tout autre est l'esprit critique, Eudoxos, cet esprit que
tu crois opposé à l'esprit d'observation. Il n'est pas opposé à
la science, mais, en un sens, il est supérieur à toute science,
à la dialectique elle-même, en dehors, toutefois, de cette
soumission qui est due aux lois du raisonnement, parce que
le raisonnement s'applique à tous les principes et les met en
question, tandis que l'esprit géométrique suppose toujours
des principes qu'il n'éprouve pas le besoin d'examiner. Et
c'est là une différence qui distingue profondément les intelligences, et fait que les unes tendent naturellement à la
connaissance empirique des choses, les autres s'élèvent à la
raison des choses, à la philosophie. La philosophie, c'est un
reproche que tu lui adresses, cherche partout des raisons :
celles qui s'avouent, pour les contrôler, celles qui se dissi-
mulent, pour les faire ressortir. Elle étend partout son investigation; elle veut pénétrer jusqu'à l'âme même de la vérité
et ne se déclare satisfaite qu'alors seulement qu'elle tient

en ces mains cette âme captive et dans l'impossibilité de
s'évader. C'est qu'elle aime la vérité de toutes ses forces,
Eudoxos, non pas les vérités particulières seulement, celles
que l'on peut voir ou toucher, mais la vérité première et
fondamentale, à laquelle toutes les autres sont suspendues
et qui est comme la vérité de la vérité.

Tandis que le philosophe applique son intelligence à la
conquête de la vérité première, toi, Eudoxos, tu te refuses
à remonter au delà de ces vérités secondes qu'on peut
démontrer ou directement observer, et quand tu entends
dire, par exemple, que l'âme est le principe de la vie ou du
mouvement, au lieu d'étudier cette parole avec bienveil-
lance, te demandant si, considérée d'un point de vue supérieur, elle ne pourrait te paraître utile ou belle, tu exiges
immédiatement que l'on t'apporte une démonstration géométrique ou une preuve expérimentale. Une telle preuve ne
peut être donnée : il n'est pas possible de faire comparaître
une âme pour que tu la voies et que tu la touches. C'est
pourquoi tu triomphes aisément d'un vieillard et tu dis :
« O Platon ! quelle prétention est la tienne de vouloir démontrer que l'âme est immortelle, puisque tu ne peux seulement montrer que l'âme existe ! » Elle existe pourtant,
Eudoxos, elle existe pour les philosophes que la dialectique
sait persuader, non pour un géomètre qui ne veut pas, en
dehors du monde sensible, admettre de cause.

EUDOXOS

J'ai dit mes raisons de ne pas croire à l'existence de l'âme,
et j'attends encore que tu opposes des arguments à mes
arguments; tant que tu n'opposeras à mes objections que
des fictions poétiques et vagues, je ne serai pas persuadé.
Démontre comme tu le voudras, en philosophe, s'il est vrai
qu'il existe une démonstration philosophique, mais démontre.
Tu as parlé beaucoup jusqu'à présent, tu n'as rien démontré.

PLATON

J'essaierai de démontrer en philosophe, Eudoxos, si tu consens à faire un effort pour m'entendre. Ce n'est pas d'ailleurs à Platon, ou du moins à Platon seul, que tes objections s'adressent ; entends donc d'abord ce que peut te dire l'âme de Sokratès qui plane au-dessus de nos têtes :

« O Eudoxos, tu nies que j'existe parce que je ne puis t'apparaître, et tu contestes toutes les preuves que j'ai fait valoir autrefois en faveur de mon existence. Tu ne t'aperçois pas, qu'au moment même où, pour démontrer que je n'existe pas, tu m'accables sous tes arguments de géomètre, tu démontres que j'existe. Rentre en toi-même et réfléchis. Demande-toi si ce n'est pas ton intelligence qui raisonne, et si ton intelligence n'est pas distincte de tout ce qui n'est pas elle et dont elle a mission de juger. C'est ton intelligence qui est ton âme, Eudoxos. Le fait seul que tes arguments contestent l'existence de l'âme, ou la nient, prouve que tu as une âme. Quant aux raisons que j'ai présentées en faveur de l'immortalité de l'âme, je pourrais te les abandonner, ô géomètre ! Tu peux les mépriser : ce ne sont pas des démonstrations apodictiques. Je ferai, toutefois, si tu le permets, une exception en faveur de la preuve par la réminiscence : celle-là est belle, mon ami, et je crains que tu n'aies pas su en pénétrer le sens. Les autres, je l'avoue, ne sont que des symboles de la vérité. Elles s'adressent, non pas à la raison, mais à l'imagination de ceux qu'on veut persuader. Les ignorants, qui ne peuvent atteindre aux vérités fondamentales, parce que leur intelligence est obstruée, fermée aux raisonnements, ont droit cependant à la vérité : les philosophes la leur doivent présenter sous forme de symboles. C'est ce que j'ai fait durant ma vie, et même dans la prison, quelques heures avant de mourir. Aux philosophes, toutes les fois que je l'ai pu, j'ai apporté la preuve ;

aux hommes de la cité et aux enfants qui faisaient crédit à mon ardent amour de la vérité, j'ai représenté des images de la vérité qui suffisaient à les persuader et à les convaincre, alors que des raisonnements sur les idées n'y auraient pas réussi. C'est contre ces symboles, Eudoxos, que tu t'es lancé avec violence ; tu les as pressés dans tes mains robustes et tout leur éclat s'est terni. Je t'abandonne donc ces malheureux symboles que tes arguments ont violenté, et, à leur place, Platon, qui les connaît, te donnera, s'il le juge à propos, les preuves véritables. »

Voilà ce que l'âme de Sokratès m'ordonne de te dire, Eudoxos. Sa réponse te satisfait-elle ?

EUDOXOS

Elle me satisfait, Platon, puisqu'elle revient à dire, si j'ai bien compris, que les arguments du *Phédon*, sauf un, sont dépourvus de valeur. J'attends, pour la réfuter, que tu exposes de nouveau la preuve par la réminiscence. Je réfuterai aussi les autres preuves, s'il s'en présente.

PLATON

Et si, par hasard, elles te persuadaient ?

EUDOXOS

Elles ne me persuaderont pas.

PLATON

Quel habile homme tu es, mon cher ami, de décider qu'un argument est sans force que tu ne connais pas encore ! As-tu seulement réfuté les preuves du *Phédon* ? Remarque que l'âme de Sokratès n'a pas déclaré qu'elles fussent méprisables. Cependant, à l'exemple de mon maître, j'abandonne ces preuves et, si les dieux me viennent en aide, j'en proposerai de nouvelles.

Veux-tu que je prouve d'abord, Eudoxos, que cette chose existe que nous appelons une âme?

EUDOXOS

Mais, Platon, c'est ce que je désire, et depuis longtemps.

PLATON

Ton désir sera satisfait. Je voudrais auparavant te poser une question.

EUDOXOS

Quelle question?

PLATON

Elle est simple, mais méfie-toi, elle cache un piège. Écoute : Si un laboureur aux pieds poudreux s'approchait de toi au moment où tu traces sur le tableau des figures géométriques et te disait, riant dans son ignorance : « Homme, pourquoi t'amuses-tu à de pareils enfantillages, pourquoi, au lieu de faire une œuvre utile, dessines-tu des barres et des ronds? »

Que lui répondrais-tu, Eudoxos?

EUDOXOS

Qu'il est un sot,

PLATON

Et la réponse serait méritée. Maintenant, dans le cas où ce serait une vérité, que l'âme existe, si tu ne niais son existence que parce que tu n'as su découvrir ni sa nature, ni son essence...

EUDOXOS

Voudrais-tu dire, Platon, que j'ai fait preuve de sottise?

PLATON

Les dieux me gardent, mon ami, de porter sur toi un tel jugement. Je parlerais contre ma pensée. Je garderai toujours envers Eudoxos les égards qui sont dus au citoyen d'une cité libre. Je ne veux dire qu'une chose, c'est que, de même qu'il est une physiologie, il est une psychologie, une science de l'âme à laquelle j'attribue autant d'importance et de valeur que tu en attribues toi-même à la géométrie. N'est-ce pas là un droit ?

EUDOXOS

Ce sera un droit seulement alors que tu auras démontré que l'âme existe aussi invinciblement que j'ai démontré la mesure de la pyramide et du cône.

PLATON

Je m'avance pas à pas vers la démonstration. Dis-moi : crois-tu qu'une telle chose existe qu'on appelle une sensation ?

EUDOXOS

Comment ne le croirais-je pas ?

PLATON

Regarde : devant toi, toute blanche, s'élève la statue d'Éros. Le jeune dieu s'appuie sur son arc déjà tendu, et semble chercher du regard, dans son carquois, la flèche qu'il se dispose à lancer. Cette œuvre d'un artiste divin est digne de représenter le plus ancien, le plus puissant des dieux. Vois comme la grâce et la force, attributs de la divinité, se dégagent naturellement de la précieuse image. Vois-tu cette image, Eudoxos, telle que je la décris ?

EUDOXOS

Je la vois et je l'admire, Platon.

PLATON

Et, la voyant, tu éprouves une sensation.

EUDOXOS

Pourquoi refuserais-je d'en convenir?

PLATON

Et si je te demande, maintenant, comment il arrive que tu puisses en voir l'image, que répondras-tu?

EUDOXOS

Je dirai que l'image qui se dégage de l'objet vient s'imprimer dans mon œil, qui est constitué de manière à ce que je puisse voir.

PLATON

Est-ce à dire que c'est ton œil qui se représente l'image? n'est-ce pas plutôt par l'intermédiaire de ton œil que tu te la représentes?

EUDOXOS

Je ne sais pas au juste; il me semble que c'est par l'œil que nous voyons. Je ne dis pas que c'est l'œil qui voit.

PLATON

Quelle est donc la chose qui voit en nous quand l'organe de la vision est affecté par la présence de la statue alors qu'Hélios nous éclaire?

EUDOXOS

Mais, Platon, je ne veux pas répondre que ce soit notre âme; je dirai seulement que nous sommes capables de voir puisque nous voyons.

PLATON

Et je dirai, moi, qu'au moment même où tu te représentes l'image, c'est ton âme qui se la représente, ou, si tu le préfères, que tu es une âme qui se la représente. Qu'est-ce, en effet, que se représenter un objet, sinon comparer une repré-

sentation actuelle à d'autres perçues auparavant? Percevoir,
c'est comparer, assimiler, distinguer ; en un mot, c'est penser. Ce n'est que parce que tu te rends compte, soit en l'as-
similant à d'autres, soit en la distinguant d'autres, de la
représentation, que tu peux dire exactement que tu te représentes un objet. Si la représentation n'était, par toi, comparée à d'autres, tu ne percevrais pas, Eudoxos, parce que tu
ne saurais pas que tu perçois. Se représenter un objet, c'est
donc savoir qu'on se le représente, c'est connaître, et ce
n'est que parce qu'on a connu une image que l'on pourra
plus tard la reconnaître. Écoute encore ceci : n'est-il pas
vrai qu'au moment où tu viens d'éprouver une sensation,
c'est-à-dire aussitôt que tu as perçu, cette sensation te cause
tantôt de la joie, tantôt de la douleur, et que tu éprouves
pour elle de l'amour ou de l'aversion ? N'est-il pas vrai, en
un mot, qu'elle reparaît en toi sous la forme d'un sentiment
ou d'une passion ? Conviendrais-tu de cela, Eudoxos ?

EUDOXOS

J'en conviens et il me semble que ce que tu dis est vrai,
mais je ne conviens pas de l'existence de l'âme.

PLATON

Tu reconnais du moins que l'homme a des représentations,
et qu'il pense, et qu'à l'occasion de ses représentations et
de ses pensées, il éprouve du plaisir ou de la douleur; et
encore, qu'à l'occasion de ses représentations, des sentiments s'élèvent en lui, et des passions. Mais ce n'est pas
tout. La pensée n'est vraiment la pensée qu'à la condition
de pouvoir *se penser*. Elle fait un retour sur elle-même, elle
se dédouble, elle s'observe; elle se regarde pour s'apprécier
et se juger. C'est ce que nous appelons réfléchir. Tu reconnaîtras ce fait s'il t'est arrivé, comme à moi, comme à bien
d'autres, de te demander quelle pouvait être la valeur de

la pensée que tu pensais, ou encore, de porter un jugement sur une passion quand elle était sur le point de t'envahir, te demandant s'il n'y aurait pas un réel danger pour toi à te laisser maîtriser par elle.

EUDOXOS

Je reconnais encore ce fait, Platon.

PLATON

Et le terme de l'opération que tu diriges, alors que tu juges soit tes pensées, soit tes passions, quand tu t'appliques, avant d'agir, à prévoir ce qui pourra résulter d'avantageux ou de préjudiciable pour toi de ton action, ne l'appellerons-nous pas prendre une décision et vouloir?

EUDOXOS

Nous l'appellerons vouloir, c'est le nom qui convient le mieux.

PLATON

Nous dirons donc de l'homme qu'il perçoit, qu'il pense, qu'il éprouve du plaisir ou de la douleur, qu'il peut subir des passions de toute sorte, mais que, d'autre part, il peut s'étudier et réfléchir avant de prendre une décision.

EUDOXOS

Nous le dirons.

PLATON

Ne dirons-nous pas encore que cette fonction de percevoir et de penser qui est nôtre et qui s'étend jusqu'à juger de la valeur de nos perceptions et de nos pensées, qui nous permet quelquefois d'imposer silence aux passions qui grondent en nous, ne dirons-nous pas, Eudoxos, que cette fonction est singulière, remarquable et propre à l'homme?

EUDOXOS

Je l'accorde.

PLATON

Et tu accordes donc que l'âme existe, mon cher ami.
Quand je la veux définir en philosophe devant des philosophes, je dis de l'âme qu'elle n'est pas autre chose que la
fonction de connaître en jugeant, et de se connaître en se
jugeant. Ton âme, Eudoxos, c'est une substance qui embrasse
l'ensemble de tes pensées, de tes sentiments, de tes passions,
de tes désirs, de tes volitions, mais ordonnés et classés.
Toutes ces choses sont ta propriété et tu es toutes ces choses.
Elles sont ta substance et ton essence; c'est parce que tu
penses que tu sais que tu existes, et tu existes véritablement
en te distinguant, de ce qui n'est pas toi, par des pensées
et par des actes qui te sont propres. C'est par ton âme,
Eudoxos, que tu vis, que tu te meus et que tu sens : elle
est la vie, elle est ta vie, puisqu'elle est ta pensée qui se
pense.

EUDOXOS

Tu es, Platon, le plus adroit des magiciens. Il faut se
défier de tes artifices et de tes prestiges. Il me semble entrevoir le précipice vers lequel, depuis quelque temps, tu con-
duis ma doctrine. On croirait que je viens d'accorder
que l'âme existe, quand j'ai accordé seulement — et il faudrait être fou pour se refuser à cet aveu — que l'homme
est capable de penser et de connaître. Je connais, c'est là un
fait. Ce fait, je le constate, je ne l'explique pas. Quand tu
affirmes que c'est l'âme qui connaît, tu ne l'expliques pas
davantage. Je sais que le monde extérieur me fournit des
impressions, que ces impressions, quand je me souviens,
reparaissent en moi dans l'ordre même où je les ai perçues,
dans un ordre nouveau quand j'associe des images, en
désordre dans le rêve ou pendant le délire de la fièvre. Tout
cela, je le sais parce que je le constate; mais que l'âme existe,
je ne le constate pas. Ce que tu appelles l'âme me paraît être

ce pouvoir, qui est nôtre, de refléter le dehors. Si tu veux que je tombe d'accord que l'âme existe, ce sera à la condition que tu me permettras de la définir comme un miroir.

PLATON

Tu me rappelles, mon ami, ces enfants de Lacédémone qui ne donnent quelque chose d'une main que pour le reprendre de l'autre. Si l'âme existe, elle n'est, selon toi, que le reflet d'une réalité. Sais-tu qu'en ce cas, son existence serait bien précaire? Ce n'est pas te compromettre, Eudoxos, que de dire de l'âme qu'elle n'est qu'un miroir qui reflète le dehors. Je suis forcé de reconnaître avec Kalliklès que tu es un homme habile et un adversaire prudent. M'autorises-tu pourtant à t'interroger encore?

EUDOXOS

N'ai-je point dit, Platon, que j'étais de loisir?

PLATON

Et j'aime à t'entendre redire cette parole qui est d'un philosophe, alors surtout que le Discours s'applique à te conduire jusqu'au sanctuaire de la philosophie. Réponds-moi avec la précision du géomètre. Penses-tu qu'on puisse dire d'un miroir qu'il a conscience de l'image qu'il reflète?

EUDOXOS

Non.

PLATON

Par Dionysos, il est impossible de répondre avec plus de brièveté! Maintenant, n'as-tu pas avoué tout à l'heure, qu'au moment même où tu pensais, tu savais que tu pensais? Tu savais, quand tu prenais une résolution, que c'était cette résolution-là que tu prenais et non pas une autre.

EUDOXOS

J'ai fait cet aveu; peut-être eût-il mieux valu ne rien t'accorder?

PLATON

Pourquoi donc, mon ami?

EUDOXOS

Parce que je sais que, quand on t'accorde quelque chose, si peu que ce soit, tu as l'habitude de tout prendre.

PLATON

Je ne prendrai pas tout, Eudoxos, mais seulement ceci qui résulte de l'aveu que tu viens de faire : l'âme est un miroir d'une espèce particulière puisqu'elle reflète le dehors et qu'elle sait qu'elle le reflète. Si elle était semblable à ces miroirs d'acier poli où les courtisanes de ta ville natale se plaisent, à ce qu'on dit, à contempler l'image de leur beauté, nous ne saurions pas même cela de notre âme qu'elle n'est qu'un miroir. C'est donc qu'elle est autre chose, et le rôle qu'elle joue dans nos sensations, d'où, selon toi, dérivent toutes nos connaissances, n'est pas méprisable.

Elle est la maison disposée pour recevoir l'hôte et lui faire, selon son mérite, l'accueil qui convient. Sitôt qu'il est mis en présence de l'âme, chaque objet prend la place qui lui est préparée. Il est rangé par elle, classé, dès lors connu. Et ceci, Eudoxos, est un singulier mystère. Au contact de tous ces objets que lui fournit le monde extérieur, l'âme s'éveille à la vie, elle connaît et se connaît, elle juge et se juge. Avant de connaître, elle était ce qui peut connaître; elle ne s'est connue qu'en connaissant. Que l'âme, avant d'avoir connu, se connaisse comme étant la fonction du connaître, c'est ce que je n'oserais pas affirmer, car la connaissance implique toujours la distinction du non-soi d'avec le soi. Ce n'est que par l'acte de la perception qu'elle se rend compte de ce fait qu'elle existait avant de percevoir, puisqu'elle n'a pu connaître et se connaître qu'en s'opposant à autre chose qui n'était pas elle et qu'elle a connu en se connaissant. Ta définition de l'âme, Eudoxos, est exacte mais incomplète. L'âme est un miroir, mais un miroir qui voit et qui se voit.

As-tu suivi le Discours, mon cher ami, et puis-je espérer qu'il te persuadera ?

EUDOXOS

O Platon ! jamais je n'ai été plus loin d'être persuadé. Tu joues, depuis un moment, avec des formules et des mots que tu parais entendre et qui, pour moi, sont vides de sens. Laisse-moi, je te prie, réfléchir un moment et chercher le fil qui me conduira hors du labyrinthe où tu me veux enfermer. Avec quel art tu as compliqué un problème qui est simple, que de subtilités tu as entremêlées !

KALLIKLÈS

Sois prudent, mon ami, et méfie-toi des ruses de Platon. Sache que sa dialectique est comme le vin de Chio. Elle étourdit, elle enivre, elle paralyse l'intelligence. Un moment arrive où l'adversaire ne sait plus où se prendre. Il est comme hébété et n'a que la ressource de répondre par oui ou par non aux questions qui lui sont posées. Je connais cet effet, Eudoxos, pour l'avoir éprouvé. N'avance que pas à pas dans ton discours, prends garde aux pièges !

PLATON

Tu n'es pas juste, mon cher Kalliklès, tu oublies qu'Eudoxos est jeune et fort et qu'il lutte contre un vieillard.

KALLIKLÈS

Mais ce vieillard est Platon !

EUDOXOS

Le conseil est bon mais inutile, vénérable Kalliklès, je suis sur mes gardes, et ni mon intelligence, ni ma doctrine ne craignent rien de la dialectique de Platon. Tous ces sophismes, présentés avec art, embarrassent l'esprit au premier abord, mais une bonne méthode suffit à les faire ressortir.

Je reprends ton argument, Platon, et voici ma réponse :

L'âme, dis-tu, ne se connaît qu'après avoir connu ; avant de connaître, elle ne se connaît pas. Je te demande alors comment l'âme pourra connaître. L'objet qu'elle doit connaître, avant qu'elle le connaisse, lui est inconnu ; elle-même, avant de connaître, est inconnue pour elle-même : c'est donc du rapprochement de ces deux inconnus que tu fais surgir la connaissance. Etrange doctrine! Tu expliques que l'âme ne peut se connaître qu'en connaissant, et tu n'expliques pas comment l'âme connaît. Tu dis, sans doute, que la connaissance résulte du rapport établi entre l'âme qui peut connaître et l'objet qui peut être connu. Mais ce rapport, qui l'établira? Comment se fera ce rapprochement de deux choses inconnues l'une à l'autre et qui se connaîtront dès qu'elles seront rapprochées? Voilà, Platon, à quelle absurdité conduit ta doctrine. Elle a pour objet de tout expliquer et elle est incapable de s'expliquer elle-même. Voyons! réponds-moi à ton tour : Comment s'établit entre l'âme et l'objet de sa connaissance le premier rapport qui fonde la connaissance?

PLATON

Je l'ignore.

EUDOXOS

Mais, en ce cas, ta doctrine est sans fondement.

KALLIKLÈS

Oui, sans fondement, Platon. Cette difficulté est grave que

vient de soulever notre géomètre, ce ne serait pas le moment
de faire aveu d'ignorance. Il faut répondre ; sinon, la doctrine s'évanouit.

PLATON

Qu'Athéna protège la doctrine, Kalliklès, et que la bonne
déesse réponde à ma place ! Pour moi, je ne puis que répéter
ce que j'ai dit : je l'ignore. Pourquoi dirais-je que je sais
alors que j'ignore ? Voyons, mon cher Kalliklès, réponds-
moi à ton tour, comme dit Eudoxos : si Antisthénès, qui est
là devant toi, sortait tout à coup de son redoutable mutisme
et t'adressait la parole en ces termes : « O Kalliklès, toi dont
les Athéniens vantent l'esprit subtil, trouve un moyen pour
t'élever jusqu'à cette constellation du Grand Chien que nous
voyons, quand vient la nuit, briller d'un éclat incomparable »,
que lui répondrais-tu ?

KALLIKLÈS

A Antisthénès qui ne m'interroge pas, je ne répondrai
rien ; à Platon qui m'interroge, je répondrai : ô Platon ! pro-
cure-moi les ailes d'Ikaros et je te promets, dès cette nuit,
de prendre mon vol et d'atteindre l'éclatante constellation.
J'apporterai au Grand Chien des nouvelles d'Athènes. Mais
je réclame des ailes ; sinon, je dois me résigner à ne pas
quitter le sol de l'Attique où me retient ma lourdeur naturelle qui, hélas ! s'est accrue avec l'âge.

PLATON

Noble réponse et belle, mon ami ; je n'en veux pas chercher
une autre. Je dirai à Eudoxos : tu veux que je m'élève au-
dessus de cette fonction de connaître qu'est notre âme, pour
voir et pour dire ensuite, non pas comment elle connaît,
mais comment s'établit entre elle et l'objet à connaître le
rapport grâce auquel elle connaît ; en un mot tu exiges que
je m'échappe de moi-même ; c'est exiger trop d'un homme.

Où sont les ailes divines qui me permettront de m'élever au-dessus de mon âme, pour l'observer du dehors et la surprendre au premier instant où elle remplit sa fonction ? Si tu me refuses ces ailes, je dirai, comme Kalliklès, que ma pesanteur naturelle me retient sur le sol.

Je perçois les choses en les distinguant les unes des autres, et je me connais en me distinguant d'elles. Cette vérité, je la saisis, par intuition : la nier, ce serait me nier. Je sais que je connais et comment je connais, mais j'ignore le comment de ce comment, et vous l'ignorez, et tous les hommes l'ignorent. Ce secret appartient au dieu. Il a décrété que des lois régiraient notre âme et la tiendraient prisonnière ; il est impossible de désobéir à ces lois. L'âme est, par sa constitution intellectuelle, en rapport avec le cosmos intelligible. Voilà la grande loi, fondamentale, de la connaissance et de l'existence. Elle fut ordonnée par un antique serment divin. La constater est possible mais l'expliquer non pas. Notre condition d'êtres créés nous l'interdit. Méditez cette parole que je tiens de Sokratès : « Comment, disait-il, notre connaissance pourrait-elle s'élever au-dessus d'elle-même ? Quelle chose, pour nous connaissable, existerait, qui ne soutiendrait avec notre âme aucun rapport puisqu'elle devrait servir à expliquer l'établissement de ces rapports avec toute chose connaissable ? » Si j'avais eu l'audace, pour expliquer comment, entre l'âme et tel objet qu'elle a à connaître, s'établit le rapport grâce auquel elle connaîtra, d'affirmer qu'il existe, en dehors de l'âme qui connaît, un moyen terme inconnu qui rapproche de l'âme l'objet qu'elle a à connaître, vous vous seriez l'un et l'autre élevés à bon droit contre ma doctrine : « O Platon, quelle absurdité est la tienne, auriez-vous dit ; tu affirmes qu'une chose existe et que nous ne savons ce qu'elle est. »

Cette absurdité, mes amis, j'ai voulu l'éviter, et je l'évite, si vous avez compris le sens de mes paroles. Je déclare que l'âme connaît et se connaît, et qu'elle obéit toujours, afin de connaître, à la loi du connaître telle qu'elle a été primitivement décrétée. Comment, entre elle et l'objet à connaître, s'établit le rapport qui lui permet de connaître? je l'ignore. Pour expliquer comment s'établit ce rapport, il faudrait pouvoir échapper à la contrainte de cette loi grâce à laquelle nous connaissons, sortir des bornes imposées à la connaissance pour expliquer la connaissance. Notre âme est un logis qu'on ne peut pas quitter; c'est en vain que nous essayons de nous fuir et d'échapper à la contrainte qui nous est imposée par le serment divin. Le dieu ne permet pas qu'on lui désobéisse.

Il nous a créés tels que l'âme se peut adapter au monde et le monde à l'âme : ils existent l'un pour l'autre; ni l'un ni l'autre ne se peuvent concevoir séparés de l'autre. Ainsi l'a voulu le dieu.

EUDOXOS

De quel dieu veux-tu parler, Platon?

PLATON

Du démiurge !

C'est lui qui a créé notre âme et qui nous a créés, nous obligeant à vivre notre vie sans qu'il soit permis à notre âme de nous séparer du monde. C'est pourquoi, quand elle connaît, nous connaissons, et, quand elle se connaît, nous nous connaissons. C'est afin de connaître et de se connaître que l'âme embrasse des rapports d'ordre et d'espèce différents, qu'elle assimile, qu'elle distingue, qu'elle compare. Dans les diverses opérations qui sont les siennes, quand elle éprouve des sensations ou qu'elle associe des images, quand elle se souvient ou qu'elle s'applique à prévoir, c'est toujours parce qu'elle assimile ou qu'elle distingue des idées qu'elle peut remplir ses fonctions naturelles. Et si, d'une autre part, le désir surgit en elle d'accroître son être, si elle vise à con-

quérir tel objet qui la doit agrandir et parfaire, c'est encore
— du moins tant que la passion ne l'a pas séduite et maî-
trisée — après avoir réfléchi, calculé, pris ses mesures,
qu'elle se décide. Elle va de l'avant, ou bien reste en
suspens ; d'autres fois, prise de peur, elle fait effort pour
échapper à la séduction de certaines images ; mais toujours,
notre âme, afin de les connaître et de les apprécier, rapporte
les choses aux choses ou les choses à elle-même. Elle est
essentiellement géomètre, Eudoxos. Dès qu'elle s'est éveillée
au contact des objets, elle revient de nouveau vers eux et les
examine de plus près et plus curieusement. Alors, elle les
situe dans l'espace, elle mesure leur durée dans le temps,
elle les groupe par espèces et par genres, elle se demande
d'où ils viennent et à quelle fin ils tendent. C'est que toutes
ses connaissances, elle peut les ordonner, elle peut adapter
à la diversité des impressions que lui fournit le dehors cette
harmonie qui convient à sa nature, et qui, de toutes les
notions éparses, forme la science. En un mot, tantôt elle
descend de la loi générale à un cas particulier que la loi
enveloppe, tantôt elle remonte du cas particulier à la loi.

Voilà ce dont est capable notre âme, Eudoxos, pour obéir
au dieu. Elle est capable d'autre chose encore.

KALLIKLÈS

De quoi, Platon ?

PLATON

Je vais le dire, mon cher ami.

Cette fonction que je viens d'analyser et de décrire constitue la vie extérieure de l'âme, sa vie la plus commune. Au-
dessus de cette vie, il en est une autre plus intime et plus
profonde ; mais toutes les âmes n'en sont pas capables. Le
dieu a voulu dans sa sagesse que les âmes formassent une
hiérarchie. Il en est qui sont plus savantes et plus sages que
d'autres. Celles-là ne se contentent pas de connaître et de se

connaître, elles jugent et se jugent. Elles se retournent sur elles-mêmes, si je puis ainsi parler, et s'examinent avec attention et scrupule, appréciant ce qu'elles contiennent de défectuosités et d'imperfections pour les corriger, s'appliquant, en outre, par tous les moyens à leur disposition, à remédier aux vices et aux défauts qu'elles découvrent en d'autres âmes. A l'âme du sage la vie n'apparaît pas uniquement comme un spectacle à contempler. Il ne lui suffit pas de connaître et de savoir, elle tend vers une fin qu'elle entrevoit au delà d'elle-même et vers laquelle elle voudrait aussi guider toutes les âmes. Cette fin est l'idée la plus élevée que l'âme du sage peut prendre d'elle-même quand elle réfléchit et qu'elle considère non plus seulement l'être qu'elle est mais l'être qu'elle voudrait devenir. Cette âme précieuse dont je parle, mon cher ami, se complaît dans l'espoir d'être l'ouvrière d'elle-même ; elle se propose de collaborer à l'œuvre du dieu autant que le dieu le permet ; elle veut, dans ce but, pénétrer les intentions du dieu. C'est ainsi que chacune des âmes supérieures s'assigne dans le monde une fonction ; chacune veut devenir ce qu'elle a décidé de se faire et aider les autres à devenir aussi ce qu'elles peuvent, ce qu'elles doivent devenir. Psyché n'est pas seulement géomètre, elle est en plus psychologue ; elle s'analyse pour s'apprécier et se juger, elle apprécie encore et juge les autres âmes, et aussitôt lui apparaissent la noblesse et la grandeur du rôle que le dieu l'a appelée à jouer. Elle s'attribue la plus belle des dignités, elle se nomme et elle exige qu'on la nomme une âme libre.

Ainsi à cette loi universelle ordonnée par le décret divin, grâce à laquelle l'âme connaît et se connaît, correspond cette autre loi, loi vivante, par laquelle certaines âmes, conscientes de leur puissance, s'érigent en arbitres d'elles-mêmes et, pour obéir au dieu, poussent les autres et se poussent elles-mêmes vers l'Idée sainte qu'elles veulent réaliser.

Mais toutes les âmes, Kalliklès, ne sont pas psychologues.

KALLIKLÈS

De quelle idée veux-tu parler, Platon ?

PLATON

De la Justice !

J'ai dit ce qu'était l'âme de l'homme, sa nature, sa fonction. Comment se pourrait-il qu'elle n'existât pas, puisque c'est d'elle que toutes les choses qui sont tiennent leur être? Eudoxos, notre âme est la raison d'être de tout ce qui est.

(*A Kalliklès.*) Ton ami, Kalliklès, qui fut aussi ton maître vénéré, et que tu mettais au-dessus de Gorgias lui-même, Protagoras d'Abdère, a été sur la voie d'une découverte dont l'importance ne l'eût cédé en rien aux plus belles de Sokratès. Cette formule lui était familière, que l'homme est la mesure de toutes choses, que lui seul connaît comment ce qui est, est, et comment ce qui n'est pas, n'est pas. Il en déduisait que nos connaissances, relatives chacune à chacun, ne pouvaient être également vraies, ni au même titre, pour l'ensemble des hommes. De là la Sophistique. Toutes les thèses, selon lui, se pouvaient soutenir et tous les systèmes se démontrer.

Cette formule est fausse, Kalliklès, que ton maître avait adoptée, mais très voisine de la vérité. Ce n'est pas l'homme simplement qui est la mesure de toutes choses, c'est l'homme arbitre. L'homme a des passions et se trompe, l'homme arbitre ne se trompe pas, dès que, rentrant en lui-même, il juge ce qui est du point de vue de ce qui doit être. C'est, en effet, la justice que recherchent et désirent toutes les âmes qui veulent être aimées du dieu ; c'est de l'injustice que proviennent les égarements et les erreurs des hommes. Ils se trompent parce qu'ils veulent que cela soit qui ne doit pas être !

Le Discours m'entraîne et s'éloigne de plus en plus de l'objet de la discussion. Le moment n'est pas venu d'étudier ce nouveau problème, et je ne m'étais proposé que de démontrer à Eudoxos l'existence de l'âme.

Notre âme existe, Eudoxos. Je répète qu'elle connaît et se connaît, qu'elle juge et se juge, qu'elle est géomètre et psychologue.

On peut, à un autre point de vue, la comparer à une lyre : non pas à cette lyre dont parle Simmias dans mon *Phédon*, mais à une lyre immortelle ou d'essence divine. Dès que ses cordes sont ébranlées, elle vibre harmonieusement et elle entend l'harmonie qui se dégage d'elle. L'âme du sage est musicienne. Parfois cependant, une note discordante s'élève et vient troubler l'harmonie essentielle, mais cette discordance est perçue aussitôt et, si elle veut, l'âme la corrige : car toutes les âmes ont été créées par le dieu de telle nature qu'elles puissent se développer en harmonie les unes avec les autres : il leur suffit de le vouloir. A elles de se corriger, de se parfaire, d'achever en elles la création commencée par le dieu ; en un mot, de tendre à cette fin qu'elles entrevoient quand, descendant jusqu'au fond d'elles-mêmes et scrutant le mystère de la vie, elles s'interrogent sur le rôle qu'elles sont appelées à jouer. Et c'est là, Eudoxos, le grand problème, j'oserai dire le seul problème philosophique. Bon gré mal gré, le philosophe doit résoudre l'énigme qui se dresse devant lui : Quel est le sens de la vie ? Pourquoi vivons-nous ? Cette énigme, depuis que je sais penser, je l'étudie. Je m'applique à pénétrer les intentions du dieu créateur et j'affirme non seulement que notre âme existe, mais qu'elle est d'essence divine et qu'elle est immortelle.

EUDOXOS

Mais ce dieu, ce démiurge qui crée, je ne sais comment, un monde qu'il nous a laissé le soin de parfaire, à nous qu'il a créés imparfaits, où est-il, Platon, et de quel droit affirmes-tu qu'il existe ?

PLATON

Mon ami, regarde : la statue d'Éros se dresse devant tes yeux. L'image du plus ancien et du plus puissant des dieux est l'image pour nous la plus accessible de celui qui, *bon et exempt d'envie, a voulu que tout dans le Cosmos fût autant que possible semblable à lui-même*. L'amour **rapproche** les êtres ; il inspire à toute âme consciente de ses imperfections et de sa pauvreté le désir de se perfectionner et de s'accroître, soit par la conquête, soit par le sacrifice. C'est afin que nous puissions nous faire ce que nous sommes capables de devenir, que le démiurge nous a donné une âme qui juge et qui se juge, avide de vérité, amoureuse de tout ce qui est juste et beau. Réaliser la justice afin de conquérir la beauté, telle est la solution de l'énigme que le dieu nous propose, et, cette énigme, chacun de nous peut la résoudre : il suffit de s'interroger et de comprendre que notre intelligence et notre volonté doivent être mises au service du véritable amour, de l'amour pour la justice. La justice est la beauté souveraine, elle est si belle qu'aucune beauté terrestre ne saurait lui être comparée !

EUDOXOS

Le dieu ! encore le dieu ! Le démiurge...

KALLIKLÈS

Veux-tu, Eudoxos, autoriser un vieillard à t'interrompre ? Je dois adresser une critique à Platon et je tiens de mon maître Protagoras, dont Platon vient de faire un demi-éloge, cette sentence que je veux suivre scrupuleusement : Ne remets jamais au lendemain un reproche que tu veux faire.

Et maintenant, mon cher Platon, écoute-moi :

Voilà que tu viens de nous donner plus que nous ne demandions. Tu as voulu démontrer que l'âme existait. Je ne sais si ta démonstration a convaincu Eudoxos, et j'en doute; mais, pourquoi, une fois tes arguments présentés, ne t'es-tu pas arrêté? La difficulté qu'on te signalait, tu l'as peut-être résolue, mais c'est en en soulevant d'autres plus graves encore. Il ne s'agit plus maintenant de notre âme, mais de la création du dieu, qui est imparfaite et qu'il dépendrait de nous de parfaire. Comment es-tu parvenu à résoudre cette énigme nouvelle? nous n'en savons rien. Comment espères-tu que d'autres seront amenés à accepter ta solution? nous ne le savons pas davantage. Tu ne nous as encore rien dit au sujet de ces questions qui me semblent dépasser la portée de l'intelligence des hommes. J'en conclus qu'un nouveau discours te sera nécessaire, plus long et plus ardu à suivre que celui que tu viens d'achever. Je suppose qu'il servira de fondement à ces preuves de l'immortalité que tu nous as promis d'exposer, pour remplacer celles que tu as habilement, avant de les rejeter, attribuées à ton maître. Eh bien, mon ami, j'aime tes discours, mais je voudrais discourir un peu moi-même, et ton hôte Aglaophamos, dont tu nous as vanté l'éloquence, et qui me semble s'indigner en silence de la plupart des paroles qu'il écoute, ne demanderait pas mieux, j'imagine, que de discuter. Quant à Antisthénès, peut-être préfère-t-il ne rien dire? Mais, moi, je ne suis pas venu d'Athènes pour jouer dans le *Mystère* un rôle de muet. Aie un peu égard à mon âge, Platon, et souviens-toi que les vieillards, comme les femmes, aiment à parler. Pourquoi nous priverais-tu de l'un des rares plaisirs qui nous restent? Remets à plus tard ce que tu veux nous dire touchant le démiurge et sa création, et autorise-nous à prendre une part plus directe à la discussion, ne serait-ce que pour honorer, à notre tour, la mémoire de Sokratès.

PLATON

Tu m'accuses, mon vieil ami, contre toute justice. Le dieu
m'est témoin que j'eusse préféré vous abandonner le soin de
conduire le Discours. Mais tu sais, toi qui m'as invité à me
défendre, avec quelle vigueur Eudoxos m'a attaqué. Je
devais répondre, j'ai répondu. Si, à l'occasion de cette ré-
plique, des difficultés nouvelles se sont élevées, n'accuse
pas Platon, mais le problème, si complexe, que nous voulons résoudre.

D'ailleurs, je n'ai pas de raisons pour m'opposer à ce que
nous remettions à plus tard l'examen du grand problème,
comme tu l'appelles, de la création. Il suffira de se souvenir
qu'il est étroitement lié à la question de l'immortalité de
l'âme pour le reconnaître quand le Discours le rencontrera
de nouveau sur son chemin.

Et maintenant je t'écoute, dis-nous ces belles choses que
tu veux nous dire.

KALLIKLÈS

Il serait plus conforme à la bienséance qu'Aglaophamos
prît le premier la parole. Il est ton hôte.

Mais je t'ai interrompu, Eudoxos, et il convient cependant
que tu répondes à Platon. Défends-toi; sinon, nous serons
obligés de décerner au chorège la couronne de chêne.

EUDOXOS

Peu importe, Kalliklès, que je sois vaincu. Ma défaite
prouverait que je suis moins habile que Platon, mais non
pas que les idées sont fausses, que je voudrais défendre.

Quel que soit le génie qu'on te doive attribuer, Platon,
j'affirme que tu n'as rien démontré. Je connais tes ruses
maintenant. Lorsque tu te vois poussé jusqu'à tes derniers
retranchements, tu prends un air inspiré et tu lèves la main
droite, suppliant le dieu d'intervenir pour dénouer les diffi-

cultés que, seul, tu ne résoudrais pas. Les dieux! toujours les dieux! Qui donc nous débarrassera de la divinité? O Platon! tu méprises la vraie science et tu lui préfères la vaine dialectique, mais la science vaincra. Un jour viendra, qui n'est pas éloigné, où tes spéculations seront la risée des savants, et personne ne disputera plus à la poussière tes dogmes vieillis. C'est qu'il faut vivre et tu n'enseignes qu'à rêver.

Nous, nous voulons vivre et nous voulons devenir les maîtres de la nature, pénétrer ses secrets, capter les forces qu'elle recèle afin de les utiliser pour le service des hommes. Voilà le but à atteindre, Platon; il n'en est aucun qui soit plus élevé, ni plus digne des efforts des savants.

PLATON

Tu as déjà dit, mon cher Eudoxos, quelque chose d'approchant.

EUDOXOS

Peut-être. Mais voici une autre chose, Platon, que je dirai pour la première fois. Ecoute-la avec attention, je la crois importante dans la discussion que je soutiens contre ta doctrine.

PLATON

J'écoute.

EUDOXOS

Un homme qui se demande sans parti pris et sans idée préconçue quelle a été la marche de la pensée depuis qu'existe la race des Hellènes, ne peut manquer de reconnaître que ce développement comporte trois périodes qu'il est facile de distinguer. La première est celle où règne la doctrine des dieux; dans la seconde on se voue à la recherche des causes; et la troisième peut se nommer la période scientifique. De nos jours, il n'est plus guère de philosophes qui attribuent aux dieux une influence directe

sur l'apparition des phénomènes naturels; la théogonie et
la mythologie ont fait leur temps; elles sont maintenant
séparées de la philosophie. Les dieux ont été remplacés par
les *raisons hyperphysiques*, les phénomènes sont expliqués
par des causes occultes, ou obscures et vagues, toutes d'imagination, et les philosophes, depuis Thalès et Pythagoras
jusqu'à toi-même, Platon, peuvent être regardés comme les
illustrateurs de cette période qui est un progrès sur la pré-
cédente. Mais déjà, il est possible d'apercevoir les signes
avant-coureurs d'une période nouvelle qui remplacera l'*Hyperphysique*. L'ère de la science va s'ouvrir. Le monde des
hommes libres apparaît, envisagé sous ce jour, comme régi
par une loi progressive de développement qui conduit
l'homme, de l'état d'imperfection native, à l'état de perfection relative où l'explication scientifique des phénomènes lui permettra d'atteindre.

Comment l'intelligence a-t-elle pendant si longtemps erré
dans les ténèbres? c'est ce qu'il est facile de comprendre,
quand on se rend compte de ce que pouvaient être les conditions d'existence des premiers hommes.

L'expérience leur apprit combien ils étaient faibles en
présence des forces de la nature qui, sans cesse, les mena-
çaient. Ignorants, incapables de réflexion, ils furent pris
d'épouvante et tombèrent en adoration, essayant de fléchir
par des prières et par des dons ces puissances inconnues
et souvent malfaisantes qu'ils appelèrent des dieux. Peu à
peu les causes physiques furent personnifiées. Chaque fonction naturelle reçut un nom de dieu avec des attributs
particuliers en rapport avec les phénomènes; ensuite l'imagination des hommes sépara les dieux de ces phénomènes
dans lesquels tout d'abord on croyait les voir agir; elle en
fit des personnes. Des autels furent dressés, des temples
élevés, des sacrifices offerts à la divinité. Les prêtres affir-
mèrent que les dieux vivent dans la gloire et jouissent d'un

bonheur qui ne finit jamais. Ces immortels peuplent les demeures du ciel et conservent la haute main sur la destinée des hommes, qu'ils surveillent. Tantôt ils les récompensent, tantôt ils les punissent, toujours arbitrairement. L'arbitraire divin conduit le monde. Ainsi les premiers hommes ont cru, en les divinisant, expliquer les forces de la nature. De l'ignorance primitive est née cette terreur qu'ont inspirée les dieux.

PLATON

Continue, Eudoxos. Pourquoi ta pensée reste-t-elle en suspens comme si elle cherchait sa voie?

KALLIKLÈS

Les jeunes gens, Platon, demandent à être encouragés. Eudoxos, j'admire ton courage et ta belle audace.

AGLAOPHAMOS

C'est un libertinage de pensée que devraient réprimer les lois.

EUDOXOS

Étranger, je suis le citoyen d'une libre cité et je pense en homme libre.

Dans la suite des temps, un moment arriva où l'observation, quoique imparfaite encore, suffit à convaincre les hommes que la constance des phénomènes, dans leur succession, ne pouvait s'accorder avec l'arbitraire d'une volonté. Cette première vérité fondamentale se fit jour, que la nature, dans son développement, est uniforme et présente partout les mêmes liaisons à qui sait les observer. Mais à peine l'eut-il aperçue, que l'esprit des hommes dévia de la vérité. Au lieu de rechercher quelles étaient ces liaisons naturelles, et d'établir, aidé par l'expérience, leur portée et leur étendue, l'homme força son intelligence à remonter jusqu'à la cause impénétrable des phénomènes. Tantôt il déclara que la cause était unique, tantôt qu'elle était multiple, mais toujours il la regarda comme une essence qui produit parce qu'elle a la vertu de produire et sans que nous puissions savoir de quelle façon elle produit. Et le mystère des dieux fut remplacé par l'action tout aussi mystérieuse des causes : tantôt essences physiques qui, en se transformant, produisent la diversité des phénomènes sensibles, tantôt causes hyperphysiques dont nous ne pouvons connaître que les effets.

Thalès le Milésien s'éloigne le premier, tant pour la lettre que pour l'esprit, de la théogonie d'Hésiodos. A la place de ces personnages qui animaient l'ancien monde de la mythologie, il introduit une substance génératrice de l'Univers. Il dépouille de leur personnalité Okéanos et Téthys, ces premiers parents des dieux, et regarde l'eau, la substance fluide, comme l'élément originel d'où sort toute chose, où toute chose rentre. Puis vient Hippon, qui substitue à l'eau de Thalès l'humidité commune à l'air et à l'eau ; ensuite, Anaximandros, qui suppose, au lieu du fluide primitif, un principe sans aucune qualité déterminante, mais qui les renferme toutes en substance et qui, parce que sa nature se modifie elle-même continuellement, les manifeste avec une variété infinie. Et d'autres dont je ne veux pas parler, pour arriver plus tôt à ceux qui vécurent plus près de nous.

Je dois toutefois mentionner le ténébreux Hérakleïtos, qui prend le feu comme principe des choses : élément mobile qui, tour à tour, s'éteint et se rallume et passe dans l'intervalle par toutes les métamorphoses possibles, symbole du mouvement éternel; et le magicien Empédoklès, celui qui évoquait les morts et apaisait les tempêtes, et qui regardait l'eau, l'air, le feu et la terre comme les éléments constitutifs de tout ce qui existe : et les deux qu'on ne sépare jamais, les deux Abdéritains, Leukippos et Démokritès, qui ont construit le monde par des combinaisons d'atomes dans le vide ; enfin, Anaxagoras de Klazoménès, qui, le premier, fait intervenir une intelligence surnaturelle afin de mouvoir et de disposer les éléments du chaos primitif.

KALLIKLÈS

Et les Éléates, mon ami ; tu n'as pas le droit d'oublier les Éléates.

EUDOXOS

Leur doctrine vient encore à l'appui des affirmations que j'avance. Xénophanès de Kolophon conçoit la Nature comme un tout invariable et indivisible, sphérique, animé, doué de raison, et qui est, ou pénétré par le dieu, ou identique au dieu. Ses successeurs, Parménidès, Zénon et Mélissos rendent plus vaine encore et plus creuse cette même thèse du fondateur de l'école et aboutissent à cette courte formule : *l'Être est*. Ils regardent le monde sensible comme un ensemble d'apparences ou de fantômes qui n'ont aucune part à la réalité de l'être unique, de telle sorte que le monde que nous connaissons n'est pas, et que c'est une autre chose que nous ne pouvons pas connaître qui existe.

KALLIKLÈS

Se peut-il, mon cher Eudoxos, que tu sois si savant ? Où donc as-tu pris cette belle science ?

EUDOXOS

A l'école de Platon. — Tu as tort, Kalliklès, de plaisanter sur mon savoir. Je ne veux pas, ici, faire étalage de ce que j'ai appris autrefois ; ce que je dis est nécessaire et me rapproche du but. Je poursuis : Pythagoras, le fondateur célèbre de la célèbre confrérie, a fait faire quelques progrès à la science des nombres, mais son erreur — il n'en est pas de plus grossière — a été de prendre le nombre pour une réalité, alors que la science des nombres ne pouvait être qu'une méthode pour la découverte de la vérité. Je laisse de côté les sophistes et j'arrive à Sokratès. Que dirai-je, moi qui ne l'ai pas entendu, de cet homme que vous honorez à l'égal d'un dieu, et que vous appelez le père de la philosophie? A-t-il eu une doctrine ou plusieurs, ou bien tous ses disciples n'ont-ils pas également compris son enseignement? je ne sais. Mais, n'est-ce pas une chose merveilleuse que des philosophes dont la doctrine est opposée, Aristippos de Kyrènè et notre Antisthénès, puissent se déclarer tous deux les disciples de Sokratès? Et ce stratège qui a écrit un petit traité sur les entretiens de ton maître, pourquoi nous le montre-t-il si différent du portrait que, dans tes dialogues, tu dessines de Sokratès?

PLATON

C'est que mon maître, Eudoxos, ne formait pas de disciples. La fin qu'il se proposait, suivant une belle parole, était d'accoucher les esprits.

EUDOXOS

En tout cas, il a accouché des esprits fort différents et d'inégale valeur : les enfants sont des frères ennemis. Je n'approuve pas que les Athéniens l'aient condamné à boire la ciguë; c'était un vieillard inoffensif et doux; il était, m'a-t-on dit, de bon conseil, et savait se faire aimer des jeunes gens qui l'écoutaient discourir : mais, cette science de l'âme et des vertus, comme sciences, qu'il a voulu établir, me paraît aussi vaine, Platon, que la doctrine des Idées dont tu es le créateur et le père, et que tu regardes comme le couronnement de la dialectique.

J'espérais voir comparaître tes Idées, Platon, au moment où tu répondais à mes arguments. Je les attends encore et je ne doute pas que tu n'imagines, afin d'établir qu'elles existent, une belle fable.

PLATON

Elles dorment, maintenant, par ordre de Kalliklès; laissons-les dormir. Prends garde qu'elles ne t'étonnent, mon cher ami, au moment où elles se réveilleront.

EUDOXOS

Je vais parler d'elles, Platon, au risque de les réveiller. J'en parlerai d'après les *Dialogues* et selon que j'ai su les comprendre.

Tu reproches à Hérakleïtos d'avoir donné le nom d'être à ce qui change, à ce qui passe; à Parménidès d'avoir nié le multiple et refusé aux choses sensibles toute existence. Les objets de nos sens ne sont, selon toi, que des ombres et des illusions, mais ils ont pourtant une existence parce qu'ils participent de l'être. Comment se fait cette participation? Je n'en sais rien, et c'est sur cette question que tu devras t'expliquer; mais ce que je sais, c'est que les Idées sont pour toi la réalité véritable que les choses et les êtres d'ici-bas ne représentent qu'imparfaitement. Tes Idées, Platon, sont, si j'ai bien compris, des types, des modèles intelligibles des choses sensibles, dont les âmes des hommes, les plus parfaites des âmes d'ici-bas, se peuvent plus ou moins rapprocher. Avant d'être unies à des corps, les âmes, si nous devons te croire, portées sur un char que deux coursiers traînaient, parcouraient en tous sens le monde des Idées. Elles vivaient heureuses, contemplant la beauté souveraine, la beauté éternelle, incréée, impérissable, exempte d'accroissement et de diminution. Les âmes pourtant, après avoir péché, devenues criminelles, furent précipitées sur la terre. Elles ont, par suite de leurs souillures, perdu tout souvenir de la beauté qu'autrefois elles ont aimée. Et maintenant, l'objet de

la philosophie sera de faire revivre en elles le souvenir de
cette patrie où elles ont vécu, où elles ne sont plus dignes
de vivre, à moins que, purifiées, elles puissent de nouveau
déployer leurs ailes et s'élancer au ciel afin de reconquérir
la vie immortelle qui est leur véritable vie.

Telle est ta doctrine, Platon, si j'ai su l'entendre, ce dont
je ne suis pas assuré, car ta pensée se dérobe souvent sous
des mythes ou des allégories. Je comprends que le monde
des phénomènes, où nous vivons, ce monde d'apparences
qui ne font que passer, ne t'ait pas semblé avoir une existence suffisamment stable. Tu en as créé un autre, immuable
et parfait, dont le nôtre participe quelque peu, sans quoi
son existence serait purement illusoire comme le monde
phénoménal des Éléates. Mais le tien aussi, Platon, est ima-
ginaire : il a toutes les qualités désirables, sauf celle d'exister. Ta fantaisie de poète l'a enlevé jusqu'au ciel, qui est
vide? elle l'a peuplé! Tes Idées pures ne sont que des mots.
Tu as beau affirmer le contraire, nous resterons enchaînés
dans la caverne des ombres, et ce n'est pas ta dialectique
qui nous aidera à briser nos chaînes. Seule, la Science pourra
nous délivrer. Appliquons-nous à connaître d'abord les liaisons naturelles des phénomènes, à découvrir celles qui sont
cachées, pour apprendre à mettre en action les puissances
des éléments, afin que, plus instruits, nous devenions les
maîtres de la nature qui, captive et soumise, deviendra pour
nos descendants la source de tous les biens qu'elle renferme
à leur portée. O Platon! de tous les abstracteurs d'essence,
tu es sans doute le plus grand, mais de tous aussi, tu es
celui qui s'écarte le plus de la réalité.

De nos jours, personne n'ajoute foi aux explications des
mythologues. L'esprit des hommes ne se représente plus les
phénomènes comme produits par l'action directe de ces
agents doués de passion et de volonté, dont l'intervention
arbitraire expliquait, pour nos anciens, toutes les anomalies

apparentes de l'Univers. Demain, les explications que formulent les philosophes discordants seront, à l'égal des précédentes, regardées comme dénuées de fondement. O hyperphysiciens! qu'avez-vous fait? Vous avez remplacé par des mots vides les agents naturels personnifiés de la mythologie et vous avez cru expliquer les phénomènes dès que vous avez assigné, pour chaque classe, un agent fictif qui lui correspondait. Soit que vous imaginiez une cause unique d'où tout émane, où tout retourne, et par laquelle vous prétendez expliquer la diversité des phénomènes, ou que vous établissiez — et c'est ce que tu voudrais faire, Platon — une multiplicité de principes idéaux, vous aboutissez tous à la plus vaine des affirmations : la cause produit son effet parce qu'elle a cette propriété de le produire, ou l'idée communique son essence parce qu'elle a la vertu de la communiquer. Mais comment la cause produit l'effet ou comment le phénomène participe de l'idée, ni toi, ni les autres, vous ne l'expliquez.

Ainsi l'Eau de Thalès, l'Infini d'Anaximandros, le Feu d'Hérakleïtos, les Eléments d'Empédoklès, les Atomes et le Vide de Leukippos et de Démokritès. le Tout de Xénophanès, les Nombres de Pythagoras, et tes Idées, ô Platon, ont été les fictions diverses, physiques ou hyperphysiques sur lesquelles des doctrines diverses, inégalement intéressantes, se sont édifiées; mais, toutes ont dirigé l'intelligence des hommes hors de la voie véritable.

Les dogmes déclinent. Bientôt l'hyperphysique, comme la mythologie, aura disparu. Peut-être êtes-vous ses derniers représentants. Un esprit nouveau souffle sur la Hellas. Déjà beaucoup, parmi les jeunes gens, accordent qu'il n'existe de connaissances réelles que celles qui reposent sur des choses observées. Ils reconnaissent l'impossibilité d'atteindre ce qui est inaccessible à l'expérience, ils renoncent à chercher ce que l'expérience n'atteint pas ; ils ne se préoccupent plus de connaître les causes intimes des phénomènes; ils ne s'attachent qu'à découvrir, par l'usage bien combiné du raisonnement et de l'observation, leurs liaisons constantes, c'est-à-dire leurs relations invariables de succession et de similitude. Expliquer des faits, ce sera désormais établir une liaison entre les divers phénomènes observés et quelques faits généraux, dont la Science, dans sa marche en avant, tendra de plus en plus à diminuer le nombre, ainsi que fait la géométrie pour ses définitions auxquelles elle rattache des théorèmes sans fin.

Ainsi l'intelligence des hommes, mythique dans leur enfance, aura été *hyperphysique* pendant l'adolescence et deviendra *physique* après avoir atteint l'âge de la virilité. Certes, cette physique que nous voulons fonder n'aura de commun que le nom avec la physique des Ioniens. Ce qu'elle sera, je ne puis le dire dès maintenant. La science balbutie encore. Nous ne savons pas regarder les choses avec soin; nous ne savons pas étudier leurs modes réguliers de liaison; mais des sciences existent, la géométrie par exemple, et l'astronomie; elles nous serviront de modèles pour en instituer d'autres. La géométrie nous apprend la manière de trouver et d'enchaîner les raisons des choses, au lieu de divaguer en assemblant des mots sonores comme font les sophistes: l'astronomie nous offre la théorie des sphères célestes, selon que les phénomènes observent des uniformités et obéissent à des lois dans leurs figures et leurs mouvements. L'étude des éléments physiques ne nous refusera peut-être pas toujours la connaissance réelle de leurs rapports et de leurs changements de qualité, que les philosophes remplacent par des transformations imaginaires des uns dans les autres, ou par la fiction pure des solides impénétrables qui ne voient et n'entendent rien et nous font tout voir et tout entendre. Mais en attendant, il faudra se préoccuper d'étudier le monde des vivants : les plantes, les animaux, l'homme, la cité.

L'homme connaissant la nature et ses secrets pourra seulement alors déterminer quelles sont, pour lui, les conditions les meilleures d'existence. Considère, Platon, combien est vaste le champ à parcourir et quel préjudice vous avez porté à la Science, vous tous qui vous êtes attardés à une recherche qui ne conduit à rien, à une exploration des dessous invisibles et des causes impénétrables des choses. Compare ce que vous avez fait à ce que nous voulons faire. Nous voulons étudier dans quelles circonstances les phénomènes apparaissent, de manière à reconnaître des liaisons fondamentales qui nous donnent un pouvoir sur la nature, relier en un corps de doctrine, après les avoir groupées pour chaque catégorie d'objets, les lois qui commandent à leur apparition et à leur développement. Nous constituerons ainsi la Science qui deviendra de plus en plus compréhensive, à mesure qu'entre les lois les plus générales, en lesquelles se résume chaque science, d'autres lois seront découvertes, plus générales encore. La philosophie, que ton maître appelait la science de l'âme, et que tu nommes la science des Idées, sera, dès que l'intelligence aura pris conscience de ce dont elle est capable et de ce dont elle n'est pas capable, le recueil de toutes les vérités générales, l'ensemble et le résumé de toutes les sciences. Elle est proche, cette révolution qui changera la face du monde. Les jeunes gens observent plus volontiers et laissent les vieillards jouir en paix de la vie intérieure. Dans la plupart des écoles, on décrit, on analyse. Même à l'Académie, Platon, il est de tes disciples qui chercheront bientôt, par l'observation et des expériences appropriées, à déterminer les conditions de l'apparition des phénomènes.

PLATON

De quels disciples veux-tu parler, Eudoxos, si toutefois cette question ne te paraît pas indiscrète?

EUDOXOS

Leurs noms me sont peu familiers. Il me souvient pourtant que le fils du médecin d'Amyntas m'a été signalé comme un ardent partisan de la doctrine nouvelle. Ce jeune homme, dont tu fais le plus grand cas, et qui t'aime aussi, deviendra, sois-en sûr, l'adversaire le plus redoutable de la théorie des Idées.

PLATON

Il se nomme Aristotélès.

EUDOXOS

Je reconnais le nom. Aristotélès est ton disciple aujourd'hui, il ne sera plus ton ami demain.

ANTISTHÉNÈS

J'incline aussi à le croire, Platon. Ce n'est pas sans raisons que je t'ai averti de te méfier du *Liseur*.

PLATON

Je n'ai de défiance contre personne; pourquoi me défierais-je d'Aristotélès que j'aime. Il est l'intelligence de l'école. Son esprit si éveillé, qui s'intéresse à tout, ne suivra pas toujours le petit sillon que j'ai tracé. Peut-être s'appliquera-t-il à renverser mon système? Qu'importe, s'il approche plus que son maître de la vérité. Ce n'est pas d'aujourd'hui que je sais que, devenus forts, les enfants battent leur nourrice. Pour moi, dès maintenant, je lui pardonne à cause de son beau génie. Qu'il fasse à son gré son apprentissage. Sa puissante raison lui permettra d'éviter tous les pièges, son génie n'en deviendra que plus robuste quand il rentrera dans le droit chemin.

Cette science que tu cherches, Eudoxos, c'est peut-être lui, je le veux bien, qui la constituera. Mais sois assuré que

son esprit ne se contentera pas de colliger des faits ; il ira
au delà de la Science, il remontera aux sources, c'est-à-dire
jusqu'à la cause ; il fouillera jusqu'aux racines de la Science,
et c'est alors, après les avoir combattues peut-être, qu'il
rétablira, sous un autre nom, ces Idées de Platon que tu
dédaignes, Eudoxos, faute de les connaître. Sois bien sûr de
ceci encore, mon cher ami, c'est que jamais Aristotélès ne
méprisera la divinité. Je sais son cœur religieux. Celui-là
n'est pas seulement un géomètre et un physicien, il est un
philosophe. Peut-être sera-t-il l'un des plus grands parmi
les philosophes.

M'autorises-tu à défendre les Idées, Kalliklès, ou bien
faut-il que j'attende encore ?

KALLIKLÈS

Tu attendras, Platon.

PLATON

Tu m'interdis de me défendre ?

KALLIKLÈS

Tu te défendras plus tard. Songe qu'Eudoxos n'a pas
attaqué seulement la doctrine. Rien ne resterait debout si
nous voulions le suivre, des choses qu'à présent tous les
hommes révèrent et respectent : son audace veut détrôner
les dieux. O jeune homme, tu es courageux, trop peut-être !
Si j'admire ton courage, je le redoute.

Dans ton discours apparaissent de séduisantes images.
Cette science nouvelle que tu veux fonder présentera à
l'esprit humain une figure inattendue de la vérité et qui ne
saurait être beaucoup plus trompeuse que la vérité multiple
et changeante qu'ont prétendu mettre en lumière les systèmes
des philosophes. Marche droit à ton but, réfute les doctrines
anciennes, mais, je t'en prie, ne te révolte pas contre les
dieux, ne trouble pas leur vie bienheureuse. Nous les aimons

à Athènes, ils n'inspirent que peu de crainte à l'honnête
homme, et si les autres, les ignorants, les adorent parce
qu'ils les craignent, songe que, de cette crainte, naît la joie
la plus subtile qu'un homme puisse éprouver, celle d'être
en communication avec des êtres surnaturels et tout-puissants. Si j'étais le maître à Athènes, j'interdirais toutes les
discussions sur la divinité. C'est un grand bien que la plupart
des hommes aient la crainte des dieux. Laissons les dieux
en paix, Eudoxos; il est plus facile d'affirmer qu'ils sont
que de prouver qu'ils ne sont pas : c'est plus facile et aussi
plus prudent.

Et pourquoi les dieux ne pourraient-ils exister? Qui donc
t'a renseigné sur ce qui peut être et sur ce qui ne peut pas
être? Tout est possible, même les dieux! Nous connaissons
si peu les choses et si mal, qu'aucune hypothèse ne doit nous
paraître invraisemblable. Les dieux ont existé autrefois et
ils existent encore. Peut-être, qu'en ce moment, il en est
qui se forment et qui aspirent à l'Être, dans les demeures
éthérées? Une preuve du moins qu'ils ont existé, une preuve
que tu n'oseras pas contester, c'est qu'ici-bas, parmi nous
se trouvent quelques-uns de leurs descendants. Ignores-tu
qu'Apollon porte-lyre est le premier des ancêtres de Platon?
Moi-même, si je voulais chercher, en remontant jusqu'à la
souche mère de la race dont je suis le dernier rejeton, je
trouverais un dieu, de moindre importance sans doute,
comme géniteur. As-tu oublié enfin que le vénérable Aglaophamos affirmait tantôt que l'esprit d'un dieu inspirait ses
paroles? Comment, s'il n'existait pas, pourrait-il l'inspirer?
Crois-en un vieillard, Eudoxos, réfute les philosophes, mais
ne touche pas aux dieux.

EUDOXOS

Je te croyais un esprit plus libre, Kalliklès.

KALLIKLÈS

Et je t'aurais voulu, moi, d'un esprit mieux avisé.

Platon, mon vieil ami, je comprends que tu sois impatient de répondre, et je ne doute pas que ta nouvelle théorie sur les Idées ne soit d'un grand intérêt. Tu nous la montreras plus tard et nous l'examinerons avec joie. Pour ma part, je te féliciterai, comme il convient, de ce que tu as su, à ton âge, te renouveler en renouvelant ta doctrine. Si je suis trop vieux pour qu'elle me persuade, je ne le suis pas assez pour ne pas l'admirer, si elle est, comme je le présume, admirable. Mais rien ne presse ; nous sommes de loisir, la mère des jours n'est pas morte : tu reprendras demain les thèses dont tu n'auras pu aujourd'hui achever l'exposition. Maintenant, c'est à Aglaophamos, ton hôte vénérable, que tu dois confier le soin de conduire le Discours. Sur sa physionomie, si vivante et si mobile, transparaît le désir de descendre dans l'arène, et tu nous a vanté son éloquence, ô Platon !

PLATON

Qu'Eudoxos consente à la substitution, et c'est avec joie que je me reposerai.

EUDOXOS

Comment ne consentirais-je pas? Aglaophamos est ton hôte, Platon, et c'est Kalliklès qui le convie à prendre ta place.

PLATON

Et c'est aimable à toi de consentir, sans déclarer, comme ne manqueraient pas de faire, d'autres jeunes gens que je connais, et qui sont facilement injustes à l'égard des vieillards, que c'est, réduit au silence et vaincu, que le vieux Platon se retire du combat.

A. Aglaophamos.) Et toi, mon cher hôte, entre en scène

puisque tel est ton désir. Il ne m'appartient pas de faire
l'éloge de ton adversaire : tu l'as entendu.

AGLAOPHAMOS

Ce n'est pas moi qui vaincrai, mais le Dieu qui parle en
moi. A sa voix l'athée prendra la fuite.

PLATON

Vénérable Aglaophamos, tu es très vieux et très sage :
voudrais-tu, cependant, m'autoriser à te donner un conseil?

AGLAOPHAMOS

Je suivrai le conseil, s'il plaît au Dieu.

PLATON

Il ne déplairait pas du moins à Pythagoras, ton maître.
C'est un de ses préceptes que je veux rappeler au moment
où tu te prépares à combattre la doctrine d'un jeune homme
dont tu as pu apprécier la généreuse ardeur : prends garde
d'attiser le feu avec une épée !

AGLAOPHAMOS

Je prendrai garde, Platon.

(*A Eudoxos.*) Mon cher enfant — mon âge autorise cette
appellation familière — tu as blasphémé, tu as nié l'existence du Divin. Je ne suis qu'un étranger à Athènes et tout
le monde me regarderait avec mépris, si je n'étais l'hôte de
Platon. Que ne suis-je, ici, tout-puissant, ou bien tyran, ou
seulement archonte ! Immédiatement, je te ferais saisir et
enfermer dans la cellule la plus obscure de la prison. A tes
pieds, je déposerais une grande amphore pleine d'eau pure
pour la soif, un pain d'orge pour la faim, et je te laisserais
seul, trois jours, livré à tes réflexions. Pendant ce même
temps, je prierais le Divin de t'assister, lui demandant

d'éclairer ton intelligence, et si, les trois jours écoulés, tu ne m'avais fait appeler, désireux d'abjurer tes erreurs et de proclamer devant le peuple assemblé que tu te repens d'avoir méconnu la vérité, ni l'eau de l'amphore ne serait renouvelée, ni le pain d'orge.

EUDOXOS

Étranger, si tu désires que je réponde, discute mais ne menace pas. Cesse surtout de me regarder avec ces yeux aigus dont j'ai peine à soutenir l'éclat.

KALLIKLÈS

Il est vrai que l'éclat de ton regard, vénérable Aglaophamos, est insoutenable. Un frisson de peur a secoué mes vieilles épaules pendant que tu fixais ton adversaire. Étrange contradiction entre le regard et la parole! Ta parole est caressante et douce comme un chant lydien, et en même temps, elle menace. Tes yeux, éclatants sous les sourcils, semblent chargés de haine. Quel est donc ce mystère, homme redoutable et sacré?

AGLAOPHAMOS

Ce n'est pas un mystère, mais une méthode de persuasion. Je n'ai rencontré personne qui puisse résister à l'éclat de mon regard. Par les yeux je commande aux hommes et je dompte les volontés rebelles. Dès que je fixe mon regard sur le regard d'un homme, un étrange sommeil envahit son âme. Ses yeux restent ouverts et pourtant il est endormi. Dès ce moment il m'appartient; il fera ce que je veux qu'il fasse, il voudra ce que je veux qu'il veuille : son âme est mon esclave. Déjà le charme opérait sur Eudoxos, et bientôt, devant vous, il eût abjuré ses erreurs; car cette puissance que je tiens du Divin ne connaît point de bornes : je ne connais personne qui résiste à l'éclat de mon regard.

KALLIKLÈS

Pourquoi tournes-tu vers moi les yeux maintenant, vénérable Aglaophamos? Voudrais-tu expérimenter sur mon âme la puissance de ton regard? Détourne, je t'en prie, tes yeux de mes yeux. Que le dieu qui s'agite en toi fasse à un vieillard cette grâce de le laisser vivre en paix les derniers jours de sa vie. Tu ne voudrais pas m'obliger à me voiler la tête comme ont coutume de faire les femmes et les enfants qui ont peur.

PLATON

Qu'as-tu affaire d'effrayer notre Kalliklès, mon cher hôte? Au nom de Sokratès, dont nous voulons ici honorer la mémoire, je te prie de discuter en homme avec des hommes. Il ne se peut pas que les sortilèges aient un rôle à jouer dans notre discussion. Argumente et démontre. Nous nous efforcerons de suivre ta pensée, et, si tu ne parviens pas à nous convaincre, nous nous appliquerons à te répondre. Ce n'est pas que je mette en doute ton pouvoir surnaturel, mais, je t'en prie, laisse-le sommeiller aujourd'hui. C'est assez qu'un dieu dicte tes paroles, il ne serait pas juste qu'il abusât de son pouvoir à l'égard de simples mortels.

AGLAOPHAMOS

Platon, je suis ton hôte et je dois t'obéir. Ne voyez plus en moi qu'un étranger qui, malheureusement, n'est pas tout-puissant à Athènes.

EUDOXOS

C'est un bonheur pour moi, étranger, que tu ne sois pas tout-puissant.

AGLAOPHAMOS

C'est un malheur, mon cher enfant! Si j'étais archonte ou tyran, je purgerais ton âme des erreurs qui la souillent : il n'est d'âme plus misérable que celle qui s'est écartée, par orgueil, de la Voie. Ecoute-moi, je te prie, et tâche de m'entendre. Vois ! mon regard ne menace plus et ma parole est suppliante. Qu'as-tu fait de ces qualités sublimes, que, dans sa bonté, t'a données le divin créateur? Tu te sers de ton intelligence et de ton génie pour blasphémer, pour entrer en révolte contre les dieux. Tu veux prendre leur place, et ton esprit, qui vacille, plein d'incertitude et d'erreurs, qui cherche dans les ténèbres, tu le mets au-dessus de la Pensée souveraine qui prévoit tout et qui sait tout, qui connaît l'avenir à l'égal du présent et du passé. C'est le démon d'orgueil, mon enfant, qui souffle en ton âme cette folie. Et le Dieu m'a amené vers toi pour que mes paroles te fassent toucher du doigt cette vanité qui est la tienne, de penser que l'être créé, séparé du Dieu créateur, est quelque chose de plus qu'un fétu de paille, que le moindre vent soulève et emporte.

EUDOXOS

Montre ou démontre, vénérable étranger : j'exige que tu démontres.

KALLIKLÈS

Essaie de nous persuader, Aglaophamos.

AGLAOPHAMOS

Je démontrerai, et, avec l'aide du Dieu, je persuaderai ceux qui seront en état d'entendre la parole du Dieu.

Je dirai, d'abord, que ta méthode est puérile, Eudoxos, et que ce système que tu appelles la Science véritable est la plus chimérique et la plus vaine des philosophies.

EUDOXOS

Dis cela, étranger, et tu me paraîtras plus vénérable encore.

AGLAOPHAMOS

Aie la bonté, mon ami, de prendre garde à cette remarque que je propose à ton attention. La science nouvelle que tu veux édifier n'est pas faite encore. Comment pourrais-tu déjà savoir quelle figure sera la sienne, une fois construite? Peut-être sera-t-elle souriante, peut-être morose? Es-tu assuré que ce soit la fin à poursuivre pour l'homme de savoir comment ce qui est, est? Qui donc te permet d'espérer que cette vérité que tu cherches sera belle pour les hommes et bonne? Tu le supposes, sans doute, et j'entends bien que tu l'espères, mais ton droit n'est pas de l'assurer. Dès lors, d'où vient que tu méprises ceux qui t'ont précédé et que tu dis : ceux-là ont radoté comme de vieilles femmes, c'est moi que les hommes doivent suivre qui cherchent le vrai? Trouve la vérité d'abord, ô jeune homme, tu nous la feras admirer ensuite. Si tu étais, comme moi, chargé d'ans...

KALLIKLÈS

Serais-je indiscret, ô très noble Aglaophamos, en te demandant quel est ton âge?

AGLAOPHAMOS

Je l'ignore. Je suis très vieux, mon ami : bien des fois dix années ont passé sur ma tête. Depuis que le Dieu vit en moi, comme le Dieu, j'existe en dehors du temps.

KALLIKLÈS

Je proclame, ô étranger, que tu es un être prodigieux et sacré.

AGLAOPHAMOS

Et c'est avec raison que tu le proclames.

Je suis très vieux, Eudoxos. J'ai vu éclore, se répandre et s'évanouir bien des doctrines. Ce n'est pas la première fois

que je me trouve en présence de cette folie d'un jeune
homme qui veut opposer à la tradition une doctrine nouvelle
qu'il appelle la Science. Avant toi, les deux inséparables,
comme tu les nommes, Leukippos et Démokritès, ont prétendu au titre de savant. Eux aussi affirmaient qu'ils avaient
surpris les secrets de la nature, et leur doctrine, du moins
tu l'as dit, est dénuée de valeur.

EUDOXOS

Je n'ai pas dit qu'elle fût sans valeur; mais elle n'est ni la
science entière, ni la vraie science.

AGLAOPHAMOS

Mon maître Pythagoras a voulu lui aussi constituer la
vraie science. Frappé de l'harmonie qui règne entre les
choses et qui les distribue en plusieurs ordres, il entendait
l'exprimer par des nombres. Longtemps il se demanda si les
choses étaient semblables aux nombres ou si les nombres
étaient les principes des choses. Mais dès qu'il eût pénétré
le Mystère d'Orpheus, il comprit combien était vain ce savoir
que, si péniblement, il avait amassé le long de ses années de
jeunesse. Avec l'aide des dieux il se voua au culte du vrai
savoir, de celui qui conduit les hommes à la félicité.

Pourtant, maintenant encore, ces savantes erreurs de
Pythagoras sont enseignées dans son école prétendue. Il est
des disciples qui rabaissent les maîtres à leur taille, et
ceux-là leur sont plus redoutables que des adversaires
avoués.

PLATON

Je ne sais si tu entends désigner Philolaos ou Archytas.
Leurs écrits, à mon avis, sont loin d'être méprisables.

AGLAOPHAMOS

Comment Platon appellerait-il méprisables des œuvres

qu'il a achetées au prix de quarante mines d'Alexandrie!
Cet achat prouve que tu es riche, Platon, mais non pas que
tu n'as pas fait, en achetant, un marché de dupe.

PLATON

Et ta conclusion est fausse, Aglaophamos, de même que
sont fausses les prémisses dont elle découle. C'est Dion le
Sicilien, autrefois mon ami, qui m'a offert les traités de
Philolaos. Je ne sais quel prix il les a payés. Pour moi, qui
n'ai jamais vendu la sagesse, d'où me seraient venues les
quarante mines? Quant à Archytas, je l'ai connu en Sicile
et, par Athéna, c'était un savant.

AGLAOPHAMOS

Je veux en convenir pour t'être agréable, Platon, mais
c'est à condition que tu reconnaîtras aussi que cette science
qu'Archytas avait acquise différait beaucoup de celle qu'Eudoxos prétend constituer. Réponds-moi, mon cher hôte. Si
Archytas eût entendu, comme nous, discourir Eudoxos,
es-tu d'avis qu'il eût approuvé son discours?

PLATON

Non, par Zeus-Père!

EUDOXOS

C'est que toutes ces sciences dont tu parles, Aglaophamos,
ne sont pas la Science, et Archytas est plutôt encore un
hyperphysicien qu'un véritable savant.

AGLAOPHAMOS

C'est pour faire plaisir à Platon que j'ai reconnu à Archytas le titre de savant. Le Discours voulait uniquement
établir que tu n'étais pas le premier qui eût pensé à remplacer par d'exactes et précises démonstrations — n'est-ce
pas la prétention des savants de démontrer, sans qu'on les

puisse mettre en doute, les thèses qu'ils proposent? — les fantaisies, comme tu les appelles, et les rêves des philosophes. La Science que tu veux établir, mon ami, je l'examinerai tout à l'heure et je dirai ce qu'elle vaut, quelle est sa portée, quelles en seraient les conséquences. Mais je désire, auparavant, te donner, moi qui te menaçais, à ce que tu dis, tout à l'heure, une preuve de l'amitié que je te porte. Que le Divin m'assiste et me dicte les paroles qui te délivreront de l'erreur!

EUDOXOS

Comment douterai-je de ton amitié, vénérable Aglaophamos? Ne m'as-tu pas déjà donné des preuves que tu étais mon ami?

AGLAOPHAMOS

Voici qui mieux encore le prouvera. Écoute-moi, Eudoxos : c'est la confession de mes erreurs d'autrefois que je veux te faire. Moi aussi, avant que l'esprit du Dieu eût visité mon âme, j'ai rêvé ce rêve fou de constituer la Science et de changer la face de l'Univers. Avant toi, j'ai été négateur et blasphémateur, et, pourquoi hésiterai-je à l'avouer, — n'est-ce pas un devoir de confesser ses erreurs et ses fautes? — j'ai nié Dieu. Je disais dans mon orgueil : la terre appartient à l'homme, les dieux sont des usurpateurs qu'il faut chasser. Que les plus intelligents, parmi les hommes, et les plus habiles, se réunissent, afin de décréter ce qu'il convient aux autres d'apprendre et de savoir. Et je poursuivais dans ma folie : « la Science existe, mais morcelée; il suffira pour la constituer d'en rapprocher les morceaux épars; il suffira de charger les savants de procéder à l'élaboration d'un système général de la Science. Trois géomètres seront choisis parmi ceux qu'on répute les meilleurs, et trois physiciens, trois poètes, trois sculpteurs, trois musiciens, trois gymnastes, trois hommes politiques. Ils se réuniront en assemblée, et après qu'ils seront bien convenus entre eux de la parfaite science et l'auront décrétée, ils seront facilement en état de calculer et de prévoir à quelles lois, en tant qu'ils apparaissent et se succèdent, obéissent les phénomènes. » Et des hommes ainsi investis du savoir infaillible devenaient, dans ma pensée, les souverains du monde! Chacun devait les aimer et les vénérer comme de parfaits ouvriers du bonheur commun. La Science ainsi se substituait au culte des dieux, les savants remplaçaient les prêtres. Mais comme, d'autre part, le culte du Divin est nécessaire pour les âmes simples, les poètes étaient chargés d'inventer des mythes et des symboles pour donner satisfaction à ces besoins de la basse humanité. Mon âme en était arrivée à ce point de perversité, que le lien sacré qui rattache l'homme aux dieux qui l'ont créé, n'était plus, à mes yeux, qu'une invention humaine, une institution politique et un expédient pour l'organisation d'une cité où il faut qu'une place soit ménagée à l'ignorance et à l'erreur. Telle était ma folie.

KALLIKLÈS

Tu me sembles, vénérable étranger, beaucoup trop sévère à l'égard de ces opinions qui durant ta jeunesse égayèrent ton intelligence. Je ne vois pas en quoi elles sont opposées à la raison; et rien ne prouve que ton expérience n'eût pas réussi. N'est-il pas tout simple de s'adresser aux savants pour constituer la Science? S'ils avaient pu tomber d'accord sur ce qu'il convient d'appeler la Science, ils n'auraient pas manqué d'organiser une cité très belle, et si, ce qui ne m'eût pas étonné outre mesure, ils ne se fussent pas entendus, la Science et les savants auraient été ce que nous les voyons aujourd'hui. Tes géomètres, ainsi que font les nôtres, auraient proclamé que la géométrie était la plus belle et la plus utile des sciences. Ils auraient été démentis par les physiciens, qui, de tout temps, ont prétendu qu'il n'est rien qui élève plus l'intelligence de l'homme que la connaissance de la nature. Tes sculpteurs et tes musiciens, très jaloux de leur art, n'auraient pas hésité à prendre en pitié la plupart des hommes, et les poètes les auraient tous méprisés sans exception. Quant aux gymnastes et aux hommes politiques, personne n'ignore qu'ils ont pris depuis longtemps l'habitude de se considérer comme des demi-dieux. Ta révolution, je le crains, Aglaophamos, n'eût pas changé grand'chose.

AGLAOPHAMOS

Je l'ai dit, j'étais fou. Et ma folie dura longtemps, jusqu'au jour où, par la volonté des dieux, les maximes de Pythagoras tombèrent sous ma main. La divinité dénoua le bandeau qui recouvrait mes yeux. Pour la première fois, je compris la vérité et la beauté du précepte : « Honore premièrement les dieux immortels comme ils sont établis et ordonnés par la loi ». Depuis ce temps, j'ai relégué à jamais parmi les prestiges des songes ces images qui m'avaient séduit, une vie nouvelle a commencé pour moi : la vie véritable. J'ai compris que la fin de la vie de l'homme n'était pas la Science mais la conquête du bonheur, et cette vérité m'est apparue dans sa clarté invincible, que, seul, le culte du Divin peut apporter à l'homme une joie durable. Mais cette science du Divin que j'avais méprisée, il fallait l'étudier et en pénétrer tous les secrets, si je voulais être utile aux hommes. Krotôn était alors la grande cité où vivaient des prêtres d'Orpheus et que Pythagoras avait régénérée. C'est vers les prêtres que j'arrivai un jour, suppliant, désireux de subir les épreuves de l'initiation. Et ces épreuves sont dures. Pendant cinq années j'ai gardé le silence, j'ai écouté.

KALLIKLÈS

En ce cas, mon cher Aglaophamos, je puis dire que tu

n'es pas un fils de la Hellas. Un Hellène, j'en atteste les dieux immortels, ne reste pas cinq années sans parler. Pour moi, j'aimerais mieux être condamné à boire la ciguë comme le divin Sokratès que de subir l'épreuve du silence.

AGLAOPHAMOS

La parole des sages doit être écoutée dans le silence : il faut se taire tant qu'on n'a pas à dire des choses qui valent mieux que le silence.

KALLIKLÈS

Comment ne pas t'admirer, toi qui es resté cinq ans bouche close !

AGLAOPHAMOS

C'est ainsi que fut instruite mon âme dans la musique sacrée, la méditation et la prière.

KALLIKLÈS

Et c'est là un nouveau prodige : des prières sans paroles !

AGLAOPHAMOS

C'est alors que le Dieu qui est la cause universelle daigna me visiter et se révéler à moi. Je suis son instrument et son organe ; c'est lui qui m'a confié cette mission que je remplis. J'ai entendu qui s'élevait de mon cœur sa voix redoutable : Tu es, a dit la Voix, le continuateur du divin Orpheus, le véritable Aglaophamos !

Je t'ai fait ma confession, Eudoxos, mon cher enfant, et je t'ai dit quelles épreuves j'ai traversées avant de me livrer au Dieu. Écoute maintenant ce que pense le Dieu dont je suis le porte-parole, de cette science que tu veux construire et qui ne serait, si ton entreprise venait à réussir, qu'une source intarissable de maux pour l'espèce des hommes.

EUDOXOS

J'écoute, avec respect, la parole du Dieu.

AGLAOPHAMOS

Diras-tu de la géométrie qu'elle est une science ?

EUDOXOS

Je dirai que de toutes les sciences elle est la plus exacte et celle qui démontre le mieux.

AGLAOPHAMOS

Bien répondu, mon enfant. Mais si la Science, et tu l'as dit expressément, a pour méthode unique l'observation et l'expérience, tu es conduit à déclarer que c'est par l'observation que la géométrie se constitue. Hésiterais-tu devant cet aveu ?

EUDOXOS

Non, par Pollux, et j'affirme que la géométrie est une science fondée sur l'expérience.

AGLAOPHAMOS

Fort bien. Dis-moi maintenant : la géométrie ne te permet-elle pas de définir la ligne droite, le cercle, le plan, le solide et beaucoup d'autres figures encore ?

EUDOXOS

Sans doute.

AGLAOPHAMOS

L'expérience, cependant, ne nous présente ni des lignes absolument droites ni des circonférences également distantes en tous leurs points d'un point intérieur que l'on appelle le centre. De même, les lignes que nous voyons ne sont pas sans largeur, ni les surfaces sans épaisseur. — Ignores-tu la coutume qui est, je crois, celle des géomètres quand ils donnent des démonstrations sur les figures? Elle consiste à ne pas tenir compte, dans une ligne, de sa largeur, dans une surface, de sa profondeur. N'est-il pas vrai encore qu'ils ont convenu d'accepter sans démonstration certaines propositions qu'il serait impossible de vérifier par les sens et qui sont indispensables pour en démontrer d'autres? On les appelle des axiomes. Ou bien la géométrie, telle que tu la conçois, serait-elle une science nouvelle? Voudrais-tu changer ses définitions et ses notions communes?

EUDOXOS

Non certes, les définitions sont bonnes et j'accepte les axiomes. Écoute ma réponse à la difficulté que tu soulèves. Ce pouvoir appartient à notre esprit de faire attention à une partie seulement de nos perceptions, à l'exclusion de toutes les autres, et, grâce à ce pouvoir, nous pouvons affirmer que les lignes sont sans largeur et les surfaces sans épaisseur. Ainsi s'obtiennent les éléments des figures. Nous avons remarqué, par exemple, qu'il existe dans la nature des courbes dont les rayons sont à peu près égaux et des droites qui sont à peu près parallèles, et nous appelons des cercles les courbes dont tous les rayons seraient égaux, et parallèles les droites qui seraient équidistantes dans tous leurs points.

AGLAOPHAMOS

Et c'est ce qui s'appelle parler d'une chose et conclure sur une autre qui n'existe même pas, car, pour les sens, il y a ce qu'il y a, et non pas des à peu près! Tu entends fort bien conclure sur la figure, dans la supposition où les lignes seraient vraiment sans largeur et les surfaces sans profondeur. C'est là ce que supposent les raisonnements géométriques. Le

Dieu te défend de me dire le contraire. — Ainsi les figures que le géomètre étudie diffèrent de ces figures que la nature nous offre : les unes sont idéales et conçues comme parfaites, les autres sont grossières. C'est à propos de la nature que l'esprit géométrise, mais c'est en lui qu'il faut chercher, et non pas dans la nature, les éléments des figures et les rapports qu'elles soutiennent entre elles. Comparées à ces figures que l'expérience nous montre, celles que le géomètre contemple sont des créations de l'esprit, et des symboles, du genre de ceux, Eudoxos, que tu as reproché aux philosophes. Les nombres aussi sont des créations de l'esprit et des symboles. J'irai même jusqu'à dire que ces faits que tu observes, aussitôt que tu les as observés, deviennent tes créations.

EUDOXOS

O vieillard, je m'efforce à comprendre et je ne comprends pas.

AGLAOPHAMOS

Fais comme si tu comprenais, mon cher enfant, et, plus tard, tu comprendras. Peut-être ne comprends-tu pas parce que tu ne veux pas comprendre? Ce que j'ai dit ne diffère pas sensiblement de ce que disait Platon, alors qu'il te démontrait que nous avons une âme et qu'elle est géomètre. Voici une autre difficulté qui menace plus directement la doctrine.

EUDOXOS

Est-ce toujours le Dieu qui parle?

AGLAOPHAMOS

Sans aucun doute. Écoute ce reproche qu'il t'adresse :

Tu regardes la philosophie comme devant se réduire à l'ensemble systématique des connaissances scientifiques; mais c'est arbitrairement que tu poses une telle affirmation, ou bien tu dois la fonder sur une investigation supé-

rieure. En effet, quelle que soit la science que tu consi-
dères, ce n'est pas elle qui te renseignera sur les raisons
d'être de son existence ; elle ne contient pas le principe qui
la légitime. Il faudra s'élever au delà de la Science pour
lui trouver un fondement, soit dans l'âme que tu as niée,
soit dans des principes supérieurs à l'âme. C'est donc arbitrairement que tu supprimes les études sur l'âme et sur les
autres objets qui échappent aux sens. Je viens de te montrer
que la géométrie elle-même porte sur des idées supérieures
à l'expérience. Ce n'est pas un droit qu'on te puisse accorder
de rejeter l'hyperphysique parce que l'hyperphysique ne te
plaît pas. C'est une obligation de l'examiner, et, en tant
qu'on l'examine pour l'apprécier et la juger, on devient soi-
même hyperphysicien.

Ce n'est pas le seul vice de ta méthode. En voici un autre,
que ta jeunessse explique, et ton inexpérience des hommes :
tu interdis à ceux qui voudront te suivre d'élever leurs vues
au-dessus de ces vérités que la géométrie ou la physique
leur permettent d'atteindre. Ainsi, dès que je ne puis pas
démontrer comme le géomètre, ou observer comme le physicien, tu m'interdis de croire ! Toutes les hypothèses et toutes
les croyances dont l'objet est invérifiable par l'expérience,
seraient, selon toi, dépourvues de valeur. Comment as-tu
pu oublier que la plupart des actes de la plupart des hommes
résultent, non pas de vérités qu'ils ont conquises, mais de
croyances qu'ils acceptent de leurs guides, soient qu'ils ne
puissent pas les contrôler, parce que leur intelligence est
infirme, soit qu'il n'existe ni par la raison, ni par l'expérience, aucun moyen de les contrôler ?

EUDOXOS

C'est justement afin que les hommes ne prennent dans
l'avenir d'autre guide que la Science que je veux fonder la
Science.

AGLAOPHAMOS

Mais quelle science fonderas-tu qui ne soit hypothétique par quelque côté? A la racine de toute science est une hypothèse. Existe-t-il quelque chose, dans le savoir humain, qu'on ne puisse, en partie, ou en des antécédents qu'on n'examinera pas, appeler hypothétique? Est-il possible d'éviter l'hypothèse? L'évites-tu, toi qui interdis aux autres d'en user?

EUDOXOS

Certes, je l'évite. Je me demande, ô étranger, en présence de la contradiction que tu me prêtes, si ton désir n'est pas que je me mette en colère?

AGLAOPHAMOS

Ta colère serait sans motif. Je ne suis pas un ennemi pour toi, mais un ami.

EUDOXOS

Continue, je te prie, vénérable Aglaophamos : tu ne me verras pas en colère. Je respecte ton grand âge et tu es l'hôte de Platon.

AGLAOPHAMOS

Si tu me veux injurier, mon enfant, injurie-moi; je suis habitué à supporter l'injure, mais écoute mes [paroles. Je ne veux que délivrer ton âme de l'erreur.

Examine cette question : au moment où tu poses cette loi des états successifs de l'esprit hellénique, loi qui sert de fondement à ta doctrine, et selon laquelle tu prévois un état futur où les hommes ne dresseront plus des autels pour les dieux, ne fais-tu pas la plus arbitraire et la moins plausible des hypothèses? Cette nécessité, d'où la déduis-tu? Je vois bien que c'est de l'observation de notre histoire : l'hyperphysique ayant succédé à la mythologie, la physique succédera à l'hyperphysique, et cela te paraît démonstratif. Mais l'hyperphysique n'a pas succédé à la mythologie. L'hyperphysique et la mythologie, d'après ton dire, dérivent d'un même esprit. Que l'homme prenne des mythes pour des vérités et les phénomènes eux-mêmes pour des personnes divines, ou, qu'à la place des dieux adorables, il mette ses imaginations et ses idées pour principes du monde, l'intention est la même. Dans ses applications erronées, il témoigne du même besoin : le besoin de reconnaître des dieux. L'hyperphysique est contemporaine de l'homme sur la terre. Elle durera tant que l'homme durera. Comment peux-tu croire que ce jour viendra bientôt où l'homme saura vivre sans croire aux dieux, sans la foi dans les vérités souveraines? Vous êtes quelques-uns à affirmer qu'une ère nouvelle va commencer pour la Hellas. Quelle naïveté! Et de quel droit, toi qui prétends fonder la Science et ne raisonner que d'après les données exactes et précises que fournit l'expérience, de quel droit affirmes-tu que les hommes, dans l'avenir, ne révéreront plus les dieux immortels, que ce qui a toujours été ne sera plus?

Voici ce que le Dieu m'ordonne de répondre à tes folles prétentions : des siècles passeront et des siècles, à des générations d'autres générations succéderont, et les temples s'élèveront toujours pour honorer la divinité : elle est le soutien de l'homme sur la terre et toute son espérance?

EUDOXOS

Remarque, je te prie, étranger, que j'ai écouté le dieu sans me mettre en colère.

AGLAOPHAMOS

Mon enfant, plus tard, quand la réflexion viendra plus profonde avec les années, tu comprendras la vanité ou l'orgueil des pensées où tu te complais maintenant. Ton cœur s'insurgera contre ton esprit; il te fera découvrir que l'amour est la seule source normale de l'activité des hommes : l'amour doit dominer l'intelligence. Toutes les énergies dont l'homme dispose doivent être dirigées par l'amour vers l'harmonie universelle, vers la divinité : tu reviendras au culte des dieux !

EUDOXOS

Aglaophamos, je t'ai promis de ne pas me mettre en colère. Je fais tout mon possible pour me contenir, mais tes paroles sont telles que je ne vois qu'un moyen de tenir ma promesse : c'est d'imiter Antisthènes. Parle et j'écouterai, mais je ne répondrai pas. Je prends l'engagement, Platon, de ne pas répondre à ton hôte.

PLATON

Par Athéna, mon cher ami, permets que je te félicite pour cette excellente résolution : il est prudent de séparer le feu de l'épée, quand, imprudemment, on les avait rapprochés.

KALLIKLÈS

Voilà que ton éloquence, Aglaophamos, a réduit au silence notre géomètre. Il préfère ne pas répondre que de courir le risque d'offenser le dieu inconnu qui parle par ta bouche. Pour moi, je n'ai pas la même crainte et, si tu le permets, je répondrai à sa place. J'ai été élevé par des prêtres pour être prêtre, et si la rencontre que je fis de Gorgias me dissuada de donner suite à ce désir de me vouer au culte d'Apollon, que ma mère, dès ma plus tendre enfance, avait su éveiller en mon âme, je n'en garde pas moins une profonde reconnaissance à mes éducateurs. Ils ont modelé mon caractère et m'ont appris à parler aux dieux le langage qui convient. J'espère que ni le dieu ni toi ne serez offensés par mes paroles.

AGLAOPHAMOS

Je l'espère aussi et j'attends la réponse.

KALLIKLÈS

Tu n'attendras pas longtemps. J'ai écouté avec attention
les belles choses que tu viens de nous dire et je crois que
ta connaissance est profonde du cœur des hommes. Je ne
serais pas étonné que cette prédiction, que tu viens de faire
à Eudoxos, se réalisât un jour. Il n'est pas impossible que
notre géomètre comprenne plus tard qu'il est utile de croire
à l'existence des dieux. Ce jour-là, il ne blasphémera plus.
Mais de ce fait que les dieux existent et que les mortels
doivent honorer leur toute-puissance, résulte-t-il que cette
science, que veut édifier Eudoxos, soit futile et dangereuse? Futile, pourquoi? Dangereuse, pour qui? Si les
hommes devenaient plus savants, en quoi la majesté divine
serait-elle amoindrie? Il me paraît, noble étranger, qu'il y a
une part de vérité dans ce reproche que nous adresse le géomètre. Nous sommes préoccupés de regarder ce qui se passe
au dedans de nous, au point que nous ne prenons plus garde
à tous ces phénomènes que la nature nous présente. Nous
spéculons sur des principes et sur des hypothèses : nous
oublions d'observer. Ouvrons les yeux tout grands sur le
dehors, ainsi qu'Eudoxos nous le conseille, et peut-être
verrons-nous des choses inattendues, sinon toujours belles,
du moins intéressantes et curieuses. Observons les faits
aussi scrupuleusement que possible, rattachons-les les uns
aux autres de manière que nous en puissions dresser le
catalogue; appliquons-nous à édifier cette science pure et
solide; étudions et conquérons la nature, afin que, devenus
plus savants, nous devenions aussi plus heureux!

AGLAOPHAMOS

C'est une erreur, Kalliklès, et une impiété.

KALLIKLÈS

Tu le démontreras tout à l'heure.

AGLAOPHAMOS

Le Dieu le démontrera !

KALLIKLÈS

Qu'il me fasse auparavant cette grâce, Aglaophamos, de me laisser expliquer ma pensée. Il me semble que si l'homme était le maître de la nature, s'il connaissait mieux les secrets qu'elle cache jalousement, il pourrait être, ici-bas, plus heureux.

Que ton dieu daigne écouter mes paroles : je suis alourdi par l'âge, mes vieilles jambes ne portent plus qu'avec difficulté mon vieux corps. Si Eudoxos ne m'avait prêté le secours de son épaule, j'aurais eu beaucoup de peine à venir de ma maison d'Athènes jusqu'au jardin d'Akadémos. Imagine qu'un démiurge, de ceux qui travaillent les métaux, se fût rencontré assez adroit pour organiser un char autocinétique, et tel, que, bien dirigé, il fût en état de me transporter rapidement et sans fatigue jusqu'au pied de notre platane ! Crois-tu que je ne devrais pas à ce démiurge une grande reconnaissance ? Que nos descendants, à l'esprit plus délié que le nôtre, finissent par capter le mouvement et en fassent un serviteur fidèle, cela ne me paraît pas impossible. J'affirme qu'ils ne seront pas aidés, dans cette recherche, par les discussions des philosophes, si ce secret d'Ikaros, dont nous parlions naguère, était quelque jour retrouvé. Quelle joie ce serait pour l'homme d'avoir des ailes, d'être délivré de la pesanteur ! Compare encore, si tu le veux bien, nos solides trirèmes qui bravent la tempête, aux barques fragiles des premiers habitants de la Hellas. Pourrais-tu soutenir que la science de la navigation n'a pas

fait de grands progrès ? Sans doute, elle en fera d'autres
encore. Si notre monde est très vieux, l'esprit hellénique
est toujours jeune et plein de ressources. Essaie, maintenant, de prévoir les conséquences de ces découvertes que
l'esprit ingénieux des hommes fera dans l'avenir. Les
voyages seront rendus plus faciles, nos descendants connaîtront des pays que nous ignorons et des hommes dont
nous pouvons à peine soupçonner l'existence ; des hommes
vivant sous d'autres lois, adorant d'autres divinités. Le
commerce s'étendra, les échanges deviendront plus faciles,
la richesse augmentera, et le bien-être, et le bonheur. Je me
complais dans mon rêve, Aglaophamos.

AGLAOPHAMOS

Et tu sembles oublier que ce n'est qu'un rêve.

KALLIKLÈS

Je ne l'oublie pas, mon ami, je me demande seulement si
ce rêve n'est pas un de ceux dont le génie des hommes peut
faire une réalité. Écoute encore. Nous avons des armes pour
les combats, des arcs pour lancer des flèches, des épieux et
des lances, des boucliers et des glaives, d'autres engins
encore. Est-il impossible de prévoir que l'ingéniosité de nos
descendants créera des armes nouvelles et plus meurtrières ?
Qui inventera ces armes, sinon un fils d'Athéna, la déesse
guerrière qui nous protège et qui nous aime ? Quelle gloire
pour notre race ! Elle conquerra de grands empires, elle
deviendra l'arbitre de l'univers ! L'égide de Pallas planera
sur le monde ! Elle guérira, la bonne déesse, les blessures
qu'elle aura faites et notre conquête assurera au monde le
bonheur et la paix.

AGLAOPHAMOS

Tu ne feras qu'étendre la guerre.

KALLIKLÈS

J'achève, Aglaophamos, tu répondras tout à l'heure.

Tandis que quelques-uns de nos descendants travailleront à perfectionner les instruments de mort, d'autres viendront, les fils d'Asklépios, qui chercheront des remèdes aux maladies des hommes et qui s'appliqueront à prolonger leur vie. Aujourd'hui, les plus réputés parmi les médecins, Polykratès lui-même, ordonnent des remèdes au hasard. Quand l'enflure gagne mes jambes, je prends du sylphion, et l'enflure ne disparaît pas. Elle disparaît plus tard d'elle-même, et Polykratès affirme que le sylphion m'a guéri. Ceux qui viendront après nous seront plus heureux. On connaîtra plus exactement les propriétés des herbes et des sucs végétaux, et la maladie sera vaincue. Si tous les maux sont sortis de la boîte de Pandora, cette boîte recèle aussi tous les remèdes que des observations précises, des analyses patientes et des expériences minutieuses feront découvrir. Il faut imaginer moins, rêver moins, observer davantage ; ce n'est qu'à ce prix que nous pourrons mieux connaître les choses et mieux nous connaître nous-mêmes, devenir plus savants à la fois et plus heureux. Qui sait même si, allant plus avant dans la voie des découvertes, les hommes de demain n'arriveront pas jusqu'à pénétrer ce principe premier de l'être, au sujet duquel maintenant divaguent les philosophes ?

Tels sont, si j'ai bien compris sa pensée, les bienfaits qu'Eudoxos attend de la science irréfutable qu'il veut fonder.

EUDOXOS

Ceux-là et bien d'autres encore, mon cher Kalliklès.

AGLAOPHAMOS

Autant de rêves, autant d'erreurs ! Tu n'as examiné cette prétendue science d'Eudoxos qu'au point de vue des services

que vous la dites appelée à rendre à l'espèce des hommes.
Je veux, avant de juger de la valeur de ces services, te
démontrer que l'espérance est vaine de vous les assurer. La
grande Nature garde bien ses secrets ; aux seuls initiés elle
laisse entrevoir son auguste visage. Je veux démontrer
ensuite que les biens que vous poursuivez, dans le cas
même où votre science en expectative pourrait vous les
offrir, seraient pour les sociétés humaines de véritables
causes de désagrégation et de ruine. Ces joies que vous con-
voitez sont de celles qui tuent et non de celles qui font
vivre. Votre fausse science n'enfantera que de faux biens.
Que les dieux immortels détournent de tels maux de la race
des hommes !

Quelle prétention est la vôtre ! Vous remettez à la Science
le soin de tout découvrir et vous espérez que de ses découvertes se dégagera le bonheur ? Comment voulez-vous, tout
d'abord, que la Science existe au sens universel dont Eudoxos nous a parlé ? Des sciences pourront s'édifier, non pas
la Science. Et chacune de ces sciences aura nécessairement sa méthode d'investigation, et non pas toutes une
méthode unique. Les principes qui guident le géomètre ne
sont pas ceux du commerçant qui suppute quels béné-
fices il pourra retirer de la vente des olives. Il s'ensuit
que ces sciences seront limitées. Elles ne pourront s'élever
qu'à la condition de n'examiner pas sur quoi elles reposent,
se construire, qu'en renonçant au contrôle des principes :
des plus généraux auxquels elles sont toutes soumises, et
des leurs propres, puisqu'il n'en est aucune qui ne soit
forcée d'en recevoir qu'elle ne démontre pas. L'étude de
l'universel, soit dans l'esprit, soit dans la nature, leur est
interdite. Elles ne pourront jamais descendre au fond des
choses, et elles resteront naturellement étrangères à la
connaissance des vrais biens et des vrais maux, qui est la
condition essentielle du bonheur des hommes.

KALLIKLÈS

C'est ce que tu affirmes, vénérable Aglaophamos ; j'oserai dire à ton dieu que tu ne le démontres pas.

AGLAOPHAMOS

Ma démonstration n'est pas encore finie ; elle le sera, si tu permets que j'achève.

J'accorderai, si tu veux, que toutes ces sciences que vous voulez instituer feront faire à l'homme des découvertes plus nombreuses encore que celles que tu as énoncées, Kalliklès, et que tu jugerais plus précieuses. Mais si nombreuses qu'on les suppose, le nombre ne diminuera pas, des mystères que ne pourra jamais pénétrer l'intelligence de l'homme. Et l'homme ne fera que sentir plus profondément qu'il ne les sent à présent, son impuissance et son imbécillité natives. Quelle preuve d'irréflexion ! Croire que le jour s'annonce où il ne restera plus rien de mystérieux dans le monde ! Comment ne comprenez-vous pas que le mystère ne fera que grandir et s'étendre, à mesure que vous observerez mieux les rapports qui rattachent les uns aux autres les phénomènes naturels ? A chaque instant, vos savants de l'avenir viendront se buter à des problèmes que leur science ne pourra résoudre, et qui sont les mêmes que ceux qui sont débattus entre ces écoles, que tu méprises, Eudoxos, et que tu prétends renverser. L'homme se meut dans le mystère, mon ami. Le monde, aujourd'hui, nous paraît plus mystérieux qu'à ceux qui nous ont précédés : leur curiosité était plus facile à satisfaire que la nôtre. Il paraîtra plus mystérieux encore, et pour la même raison, à ceux qui viendront après nous. Les savants de demain seront, devant les problèmes fondamentaux, tout aussi hésitants et indécis que tu l'es. Leur désir de connaître, malgré le progrès des sciences, s'il est vrai qu'elles progressent, ne pourra

jamais se contenter. Et je conclus que cette science est
inutile qui ne peut pénétrer jusqu'au fond des choses.

PLATON

Et cette conclusion, mon cher hôte, est injuste. L'esprit
scientifique a rendu des services aux hommes ; il en rendra
d'autres, plus grands encore, à ceux qui vivront après nous.
Je ne dirai pas avec Eudoxos et Kalliklès, que la Science
doit apporter le bonheur, mais je veux croire que l'ardeur
de la découverte, la curiosité, celle dont l'objet est sérieux,
et l'empire conquis sur quelques-unes des forces de la
nature, seront la gloire des fils d'Hellen. La science sert
déjà et servira davantage encore, en s'étendant, à combattre
les superstitions, la crédulité, les hypothèses arbitraires
et passionnées des ignorants ; elle deviendra, de plus en
plus, le correctif de tous ces préjugés et de ces imaginations
vicieuses que nous transmet la tradition. Sans doute, ni
Eudoxos, ni ses successeurs, ne résoudront toutes les
énigmes ; il se peut aussi que la solution des premiers problèmes fasse surgir d'autres problèmes plus difficiles encore,
et cela, sans que nous puissions espérer que l'esprit, s'éle-
vant de difficultés en difficultés, surmonte jamais la difficulté dernière. Et qu'importe que la Science ne nous
permette de constater que cette chose : l'agrandissement du
mystère ? Ce sera une conquête de l'esprit humain, et non la
moindre, que d'arriver à ne plus s'en faire accroire sur la
valeur et la portée de ce qu'il sait. L'exercice de la pensée
pour la pensée elle-même est déjà un grand bien, Aglaophamos.

Je te veux dire une belle fable : la légende des filles de
Danaos. Tu l'as déjà entendue, peut-être?

AGLAOPHAMOS

Je ne l'ai pas entendue.

PLATON

Le soir de leurs noces, les cinquante filles de Danaos égorgèrent leurs cinquante époux. Et Zeus, afin que l'expiation fût égale au forfait, les condamna à remplir un tonneau qui n'a pas de fond. Chacune d'elles, à tour de rôle, et sans répit aucun, s'en va puiser au Styx l'eau qu'elle verse ensuite, et qui s'enfuit aussitôt pour retourner au fleuve. La condition de l'homme sur la terre se peut comparer au supplice des Danaïdes. Nous aussi, nous avons à remplir un tonneau sans fond. Quel crime avons-nous commis, en ces temps dont nul homme ne garde la mémoire, je ne veux pas le dire maintenant. Je dirai seulement que le dieu nous tient rigueur et que, tant que notre crime n'aura pas été expié, nous resterons sur la terre, cherchant, sans être sûrs de jamais la découvrir, la solution de ce problème : pourquoi vivons-nous? Est-ce donc que notre âme ne doit pas s'appliquer à le résoudre? Qu'importe que nos efforts soient vains, si d'eux-mêmes ils sont, pour nous, une consolation et une espérance? Ils sont, du moins, une preuve de la noblesse de notre nature première. Et pourquoi serait-il interdit à notre âme de croire qu'avec l'aide des dieux un jour viendra où elle pourra retrouver ses ailes et s'élever au-dessus du sol où elle reste attachée? Quelle que soit la faiblesse de l'intelligence des hommes, il ne convient pas de la décourager. Comme les filles de Danaos, travaillons sans relâche et peut-être un jour viendra où les dieux miséricordieux, touchés de nos efforts, nous donneront la vie bienheureuse.

Que l'homme recherche la vérité, Aglaophamos, et qu'il évite l'erreur par tous les moyens à sa disposition : qu'il fasse sa joie de cette recherche! Il est d'une belle âme et courageuse de vouloir pénétrer jusqu'à l'impénétrable. Ce n'est qu'après avoir mis à l'essai toutes nos énergies, que nous pourrons savoir quels obstacles elles peuvent surmonter, et quels sont insurmontables. Travaille, Eudoxos, applique ton pénétrant génie à la découverte des lois qui régissent les phénomènes naturels, et si la science, plus tard, t'apprend à te défier des arrêts d'une fausse science, nous dirons que tu es devenu un véritable savant. Etudie la nature, mon cher géomètre, observe et analyse, et qu'Athéna te soit bienfaisante. Mais ne méprise pas la philosophie. Elle aussi peut rendre aux hommes d'inappréciables services. Ce qui touche à l'origine de la vie et à ses fins est le domaine du philosophe. Et c'est au philosophe encore qu'il appartient d'examiner, et non pas au savant, quel est, pour l'homme, le souverain bien.

Telle que je la comprends, Eudoxos, cette science que tu veux édifier ne devrait pas être une ennemie de la philosophie, mais son alliée la plus naturelle. Ne sont-elles pas issues l'une et l'autre de la souche commune? Toutes deux sont également capables d'erreur et de vérité : elles sont de l'homme, elles sont sœurs. L'une est l'aînée, l'autre la plus jeune. N'est-il pas naturel qu'elles s'avancent confiantes vers l'avenir, la main dans la main, se prêtant l'une à l'autre un mutuel appui?

EUDOXOS

O Platon ! si la Science et la philosophie sont sœurs, ce sont des sœurs ennemies !

AGLAOPHAMOS

A moins que l'une et l'autre ne se liguent contre la vérité, contre le culte des dieux! La Science n'existe pas encore, et tu es tombé d'accord, Platon, que ni ses méthodes, ni ses analyses, ni ses découvertes ne pourront devenir un enseignement de vie morale. C'est à la philosophie que tu réserves une telle prérogative. Pas plus que la Science, la philosophie n'aura l'autorité nécessaire pour révéler aux hommes la vérité, la véritable vie. Il n'y a qu'une *théologie* qui puisse assumer une pareille tâche. La théologie seule peut avoir, sur les sentiments des hommes, une action capable de dominer les mauvaises passions nées de l'expérience du mal, et de balancer la poussée des instincts égoïstes. A elle, il appartient de préparer les esprits et les cœurs et de parler assez haut pour donner des ordres qui soient obéis.

KALLIKLÈS

Pourquoi la Science, vénérable Aglaophamos, ne pourrait-elle contribuer au bonheur des hommes?

AGLAOPHAMOS

Que ce rêve ait hanté l'esprit d'Eudoxos, je le comprends, il est jeune; mais comment se peut-il, Kalliklès, que toi qui connais les hommes, tu aies pris, du bonheur, une idée si mesquine et si fausse?

KALLIKLÈS

Elle ne me paraît ni mesquine, ni fausse. O étranger! le dieu dont tu es le porte-paroles ne décerne pas souvent les éloges!

AGLAOPHAMOS

Ce ne sont pas des éloges que tu dois attendre du Dieu, mais des vérités. Applique ton esprit à les comprendre.

Je t'accorde, je le répète, que toutes les découvertes se réaliseront, que tu as imaginées, et d'autres encore que tu n'es pas en état de prévoir. J'admets qu'un démiurge naîtra plus subtil qu'Ikaros, qui, mieux que lui, attachera des ailes aux épaules des fils d'Hellen. Elles permettront à l'homme de gouverner la pesanteur, mais non les passions brutales qui les portent à se haïr et à se faire souffrir les uns les autres. Vois quelles concessions je te veux faire : des chars seront inventés que des chevaux ne traîneront pas, des chars dont le mécanisme savant obéira à l'intelligence. Ils amèneront nos descendants d'Athènes à Ekbatane, ou à Suzes, en moins d'une journée ; des navires sillonneront la mer, si rapides, qu'entre les parties de l'univers les distances seront comme supprimées ; des mondes nouveaux seront découverts et des hommes vivant sous d'autres lois et adorant d'autres dieux. Le commerce s'étendra, les échanges seront plus faciles, et les Athéniens, plus riches que les satrapes d'Orient, connaîtront des joies que vous ne pouvez même pas imaginer à présent.

Voilà ton rêve, Kalliklès, ton rêve agrandi et plus beau, n'est-ce pas, que tu ne l'as rêvé ! Il est réalisé : tout ce que tu désires t'est accordé par la toute-puissance de la divinité.

KALLIKLÈS

Le dieu ne m'a encore rien accordé.

AGLAOPHAMOS

Le moment n'est pas de plaisanter, mon ami. Si le Dieu réalisait ton rêve, les hommes seraient les plus malheureux des êtres que sa bonté a animés.

Écoute : dans l'Attique, comme en Sicile, comme en Égypte, partout où m'a conduit la sainte mission que m'a confiée le Dieu, j'ai vu les pauvres excités contre les riches. Par la violence et par la ruse, ils se veulent emparer des biens que les riches ont injustement amassés. Si le Dieu t'accordait cette science que tu lui demandes, ô Kalliklès, la guerre ne ferait que s'étendre plus terrible que jamais et sans merci. Dès qu'elles auraient cessé d'être lointaines, ces joies que tu réclames pour les hommes, toutes les convoitises seraient allumées : rien ne pourrait réfréner les appétits déchaînés, ni les menaces, ni les châtiments ! Quelle épouvantable mêlée, quelle guerre fratricide ! Entends-tu les

cris, les blasphèmes et les râles des mourants! Et ce serait
là le bonheur?

KALLIKLÈS

Non, certes, vénérable Aglaophamos; mais pourquoi la
Science serait-elle, nécessairement, l'ouvrière de tant de
maux?

AGLAOPHAMOS

Parce qu'elle détruirait la tranquillité de l'âme! Les géomores à l'esprit obtus, que vous méprisez à Athènes sont,
plus que vous, rapprochés de ce bonheur que vous cherchez
où il n'est pas.

KALLIKLÈS

Toi si grave, Aglaophamos, peux-tu dire une telle chose?

AGLAOPHAMOS

Pourquoi ne la dirais-je pas, si elle est vraie? Ils vivent,
dans la crainte des dieux, heureux et résignés. Leur vie est
frugale et leurs joies sont saines. Ils savent rire et la cam-
pagne retentit de leurs chants. Ils ignorent ce bien-être et
ces jouissances que vous attendez de la Science. Peu leur
importent les festins où les convives sont couronnés de
roses, et les joueuses de flûte, et les danseuses, et les courtisanes. Que feront, ô Kalliklès, de ces géomores au cœur
simple, les savants de l'avenir? Un émule d'Eudoxos, qui
pensera que, décidément, la Hellas est trop petite, viendra
les persuader par d'insinuants discours, d'abandonner la
charrue pour conquérir le monde. Les pieds poudreux de la
plaine et les pâtres des monts deviendront des hoplites
débauchés, paresseux, vaniteux et cruels, qui, conscients de
leur force, ne tarderont pas à se révolter contre leurs
maîtres. Tu rêves, ô Kalliklès, une grande gloire pour les
Athéniens, tu voudrais qu'on dît d'eux qu'ils ont conquis

le monde. Que les dieux détournent un tel malheur de la
cité d'Athéna!

KALLIKLÈS

Peut-être dis-tu vrai, Aglaophamos. Les dieux ne m'ont
pas donné de prévoir l'avenir. Je sais cependant que ces
géomores dont tu vantes la simplicité des mœurs, travaillent
sans répit à l'égal de leurs bêtes de somme. Je sais que, du
matin au soir, les artisans sont courbés sur une tâche
ingrate, forgeant le fer ou assemblant des pierres. Ce
seraient de belles inventions des savants, celles qui ren-
draient le labeur des hommes plus facile et moins dur.

AGLAOPHAMOS

Et c'est une nouvelle erreur! Quelles que soient les inventions de la Science, le travail des artisans ne sera pas dimi-
nué, ni leur vie plus heureuse. A chaque instant, ils seront
menacés de terribles dangers. Les forces naturelles, que la
Science peut capter, n'obéissent pas comme des enfants :
un moment arrive où elles secouent le joug et écrasent
l'homme, comme si elles voulaient lui signifier la faiblesse
de sa nature. Souviens-toi de la chute d'Ikaros! Le nombre
des artisans et des esclaves sera accru, dans cette société
selon la Science, parce que l'homme, qui n'a plus la crainte
des dieux, devient insatiable dans ses désirs. Les savants se
lasseront plutôt d'inventer, que de nouveaux désirs et des
passions nouvelles d'éclore dans le cœur de ces hommes.
Que de manœuvres et combien d'esclaves seront nécessaires
afin de procurer à quelques-uns une vie de paresse, de
jouissance et de luxe! Crois-tu que ces îlotes accepteront
avec joie cette condition qui leur sera faite?

Veux-tu que je te dise, ô Kalliklès, ce qui résulterait de
la Science, si, un jour, elle était constituée?

KALLIKLÈS

Dis-le, Aglaophamos ; mais, je t'en supplie par la bonne
déesse, ne prends pas, pour le dire, ce visage courroucé :
sinon, je vais penser que le dieu, qui anime ton discours,
est en colère, et je redoute la colère du dieu.

AGLAOPHAMOS

La Science encombrera le monde de fabriques, qui seront,
pour les artisans, des foyers de misère et de mort ; elle per-
fectionnera les instruments de meurtre, elle développera la
haine, si intense déjà, entre les riches et les pauvres, elle
multipliera les besoins des hommes : en un mot, elle rendra infiniment plus précaire et plus dure la vie de l'homme
sur la terre.

Et tous seront malheureux, plus encore que les autres, les
repus et les blasés, qui rôderont, inquiets, à l'affût des plaisirs, sans que leur soif de jouir puisse jamais être satisfaite !
Cette parole de Platon est belle, Kalliklès, et profonde : l'injuste tyran sur le trône, au milieu des délices, est le plus
misérable des mortels !

Il ne serait pas étonnant, mon ami, que, lassés de souffrir
sous le gouvernement des savants, la plupart des hommes
en arrivassent à se révolter contre cette opinion fausse que
la Science seule est ouvrière du bonheur ! Imagine que
dans deux siècles d'ici, dans trois peut-être, — je veux donner à la Science le temps d'éclore et de porter ses fruits, —
imagine que les hommes, vivant alors selon la Science et
malheureux par elle, aillent trouver un autre Kalliklès, qui
sera un des savants les plus respectés de la cité, afin de se
plaindre à lui des maux qu'ils endurent.

KALLIKLÈS

Il y aura donc encore un Kalliklès ?

AGLAOPHAMOS

Il y aura toujours des Kalliklès. Et le Kalliklès qui sera vivant à cette époque écoutera en souriant les plaintes de ces hommes, de même que tu m'écoutes en souriant.

Ils diront : « Cette vie artificielle n'est pas la vie; nous avons désappris la résignation, nous ne savons plus vivre. Et pourtant nous voulons vivre, nous avons besoin de vivre. Enseigne-nous cette science de vie qui nous rendra plus heureux. Tu nous as appris à rechercher les plaisirs, et la chasse aux plaisirs est cause que nous passons la vie à nous faire souffrir les uns les autres. N'y a-t-il pas d'autre but à la vie ? »

O Kalliklès, que répondra Kalliklès à ce discours?

KALLIKLÈS

Tu le sais mieux que moi, vénérable Aglaophamos.

AGLAOPHAMOS

Voici sa réponse : « Pourquoi vous plaignez-vous, mes amis? La Science est puissante et belle et les savants ont fait de grandes choses. Ils vous diront exactement le nombre de stades qui séparent la terre de la lune : la plupart de leurs inventions sont merveilleuses. N'est-ce pas la Science qui a permis à tous les arts de se développer, grâce auxquels il est donné aux hommes d'à présent de vivre une vie compliquée de mille besoins à satisfaire que ne connaissaient pas leurs ancêtres? Nous savons aussi à peu près maintenant le comment et le pourquoi de beaucoup de choses qui nous étaient cachées autrefois. Quand le médecin ne nous guérit pas, il nous dit du moins très exactement pour quelles raisons il ne peut pas nous guérir. Il ne faut pas, mes amis, vous plaindre de la Science. Admirez l'étendue de sa puissance : elle nous a appris, cette Science merveilleuse, qu'il

n'y avait rien à craindre pour l'homme, non plus qu'à espérer après cette vie. »

— « Mais, diront-ils, c'est de ne plus espérer que nous
mourons. Votre science a tout détruit : la crainte et l'espérance, et nous ne savons plus comment vivre. »

— « En ce cas, mes amis, répondra Kalliklès, je ne sais
au juste ce que vous demandez. J'ignore cette science que
vous réclamez à grands cris. Je crains qu'elle ne soit pas
scientifique. J'ai entendu dire qu'il existe, loin d'ici, au delà
des colonnes d'Héraklès, une île dont on m'a vanté la beauté
et le climat délicieux. Ceux qui l'habitent se proclament
heureux. Dans cette île vit un sage qui leur a appris le
bonheur. C'est là du moins ce que certains navigateurs
racontent. Allez le trouver. »

— « Et quel est ce sage ? »

— « On le nomme Aglaophamos. »

KALLIKLÈS

Par Athéna, la bonne déesse, penses-tu, hôte de Platon,
que tu seras encore vivant dans trois siècles d'ici ?

AGLAOPHAMOS

Aglaophamos est immortel comme le Dieu qu'il représente. Il doit vivre pour enseigner aux hommes la Vérité,
la Vie et le Bonheur.

KALLIKLÈS

Tu parles avec une assurance telle que je n'ose plus rien
opposer à ton discours. Dis-moi : cette île merveilleuse,
dont tu viens de parler, existe-t-elle du moins ?

AGLAOPHAMOS

Elle existe, ou plutôt elles existent, car elles sont trois :
ce sont les îles Fortunées.

KALLIKLÈS

Je les connais. Bien des fois, pendant ma première enfance, la douce esclave qui m'a nourri m'a conté la merveilleuse histoire. Je sais qu'il y coule des fontaines de miel et des rivières de lait. Elle disait aussi les malheureuses amours d'Ariana, la fille de Minos, et d'autres fables que j'aimais et que je n'ai pas su oublier.

AGLAOPHAMOS

Cesse de jouer, Kalliklès. Mes paroles sont les plus sérieuses et les plus sacrées qu'un homme puisse prononcer devant d'autres hommes. Ces îles que j'ai nommées n'ont rien de celles de la fable; il n'y coule ni fontaines de miel, ni rivières de lait. Les hommes qui l'habitent ne connaissent pas la mollesse et doivent à un travail opiniâtre le pain de chaque jour. Pourtant ils se proclament les plus heureux d'entre les mortels.

J'espère, si le Divin ne m'abandonne pas, revoir bientôt cette patrie d'élection où je commande au nom du Dieu.

KALLIKLÈS

Je voudrais connaître ces hommes pour qui c'est une joie de vivre. Si je n'étais si vieux et si perclus, je te demanderais, ô étranger, l'autorisation de te suivre quand tu quitteras Athènes. Mais le temps n'est plus, pour moi, des voyages lointains.

Ce me serait pourtant une joie, avant que ce moment ne vienne, pour les miens, de sacrifier un coq à Asklépios, le demi-dieu, d'apprendre de toi par quelle méthode tu as pu enseigner à des hommes à conquérir le bonheur. Nous diras-tu quelle est cette vie heureuse, vénérable Aglaophamos, ou bien le dieu s'opposerait-il à ce que tu nous fisses une telle révélation?

AGLAOPHAMOS

C'est pour le dire que je suis venu jusqu'à vous.

Il ne faut pas chercher le bonheur dans une vie de plaisirs éphémères, ni dans cet espoir que la Grande Nature, devenue l'esclave et la servante de l'homme, réalise jamais tous ses souhaits. Elle est d'essence divine, elle garde jalousement les secrets qui font sa puissance : elle commande, elle n'obéit pas. Ce n'est pas de ce côté qu'il faut chercher le bonheur. La science qui importe est celle qui vient du Dieu, toutes les autres sont vaines. Il faut aimer le Dieu. Dans l'amour du Divin réside la joie véritable, la joie qui ne finit pas. C'est cette joie que je vous apporte.

Hommes d'Athènes, je suis venu afin de vous révéler le Dieu !

PLATON

Et nous t'écouterons avec attention, mon cher hôte.

Je te dois avertir, toutefois, avant que tu ne t'engages dans ce nouveau sujet, qu'il ne faut pas oublier le Discours. Ce ne serait ni bon, ni beau. Le dieu de l'harmonie se regarderait comme offensé, si nous méprisions les règles qu'il impose.

Vous êtes témoins, mes amis, que je n'ai pas abusé des privilèges que me donne ma fonction de chorège. J'ai laissé le Discours courir à sa fantaisie. C'est ainsi qu'il me plaît et que je l'aime. Tantôt il va en avant, comme pour explorer l'horizon, puis il retourne ; parfois il s'attarde et joue, comme font les enfants avant d'entrer à l'école. Tout cela lui est permis, à la condition qu'il n'oublie pas qu'il est le Discours, c'est-à-dire qu'il tend à un but.

Nous sommes assemblés en ce lieu pour résoudre le

redoutable problème qu'Eudoxos nous a proposé : l'âme de l'homme est-elle, ou non, immortelle?

Révèle-nous ton dieu, Aglaophamos, et nous te serons reconnaissants; mais, je t'en prie, n'oublie pas à quelle question doit répondre le Discours.

AGLAOPHAMOS

Je démontrerai, Platon, ou, pour mieux dire, je montrerai que l'âme de l'homme est immortelle.

PLATON

Et ta démonstration réjouira l'âme de Sokratès. Nous t'écoutons.

KALLIKLÈS

Attends encore un peu, Aglaophamos. Je voudrais interroger Antisthénès. (*A Antisthénès*.) Voyons, mon ami très cher, secoue cette bienheureuse ataraxie où tu te complais depuis que la discussion est engagée et réponds-moi : n'as-tu pas une opinion à émettre sur ce qui a été dit jusqu'à ce moment?

ANTISTHÉNÈS

Aucune, ô Kalliklès. Ce qu'affirment les hommes ou ce qu'ils nient est également nécessaire : ce qui doit être sera. Les discours, qui font eux-mêmes partie du cours nécessaire des choses, sont impuissants à y changer quoi que ce soit. C'est folie de croire que l'avis d'un homme prévaudra sur ce que les dieux ont décidé de toute éternité. Appliquons-nous à pénétrer la raison des choses, à les voir sous leur forme éternelle : le reste est inutile et vain. La solution des autres problèmes dépend de la solution donnée au problème fondamental : l'homme est-il libre? J'affirme qu'il ne l'est pas. Rien n'est libre dans l'Univers, ni les choses, ni l'homme. Tout ce qui est est nécessaire et ne peut pas être

autre, ou autrement qu'il est. Si l'occasion m'est offerte de
soutenir cette doctrine, j'interviendrai dans la discussion ;
jusqu'alors je dois me taire, ô Kalliklès.

KALLIKLÈS

Rentre dans la béatitude, mon cher Antisthénès ; peut-être
as-tu déjà atteint ce bonheur que nous attendons ?

PLATON

Peut-être ? Le Discours, Antisthénès, nous conduira, tôt
ou tard, à l'examen du redoutable problème ; il nous invite,
à présent, à écouter Aglaophamos et à discuter sa doctrine.

———————

AGLAOPHAMOS

La vérité, Platon, se révèle, mais ne se discute pas. Elle
ordonne à tous, dès qu'elle est connue, de lui rendre hom-
mage et de s'incliner humblement.

Hommes d'Athènes, les dieux que vous adorez ne sont
pas de faux dieux ; ils sont dignes des honneurs prescrits
par la loi, et cependant ils ne sont pas le Dieu.

KALLIKLÈS

Tu nous laisses nos dieux, ô étranger ; je te rends grâces.
Je craignais que ton éloquence ne s'attaquât aux dieux que
nos ancêtres nous ont appris à honorer et à aimer : Zeus-
Père et sa fille, qui nous protège, la sage Athéna, et encore
Aphrodita, la déesse à jamais vénérable, et son fils Éros,
l'enfant-dieu dont la victorieuse image se dresse devant
nous si élégante dans sa beauté !

AGLAOPHAMOS

Honore encore les autres, Kalliklès, ainsi qu'il est ordonné.

Ils sont des dieux! Honore Apollon porte-lyre et Poséidon
le maître de la mer profonde, et Arès, et Héra, mère d'Héphaïstos, et Héphaïstos fils de Héra, et Hermès, et Artémis,
et Hestia, et Dêmeter! Dieux et déesses ont également droit
à un culte. Mais ce que j'exige, et de toi et des autres, et
de tous les hommes, c'est que vous connaissiez exactement
l'essence, la nature et la fonction des dieux. Il faut les
connaître pour les aimer comme il convient et les honorer
dans son cœur.

KALLIKLÈS

Nous les connaissons, Aglaophamos, comment ne les con-
naîtrions-nous pas?

AGLAOPHAMOS

Vous ne les connaissez pas. Vous n'avez su ni pénétrer
leur essence, ni remonter à leur cause. Hommes, vous avez
jugé des dieux comme vous auriez jugé des hommes : vous
vous représentez les dieux et les déesses comme des hommes
et des femmes surhumains. Vos passions honteuses, vos
turpitudes, vos jalousies, vos colères et vos haines, vous les
attribuez aux dieux! Vous les concevez méchants, semblables
à vous, et d'autant plus redoutables qu'ils sont plus puissants. Vous n'avez pas compris les dieux! Les dieux ne sont
ni méchants, ni cruels, ni parjures, ni débauchés : ils ont
des perfections, non des vices.

KALLIKLÈS

Continue, étranger, nous t'écoutons avec la plus grande
attention.

AGLAOPHAMOS

Quelle est la véritable nature des dieux? Ils sont les
images inaltérables de la cause qui les a créés. Les dieux
immortels sont semblables au Dieu, mais ne sont pas le
Dieu. Le Dieu est la Cause première : il existe avant toutes

choses, il est unique, il est caché. Existant avant les choses qui ne sont que par lui, il ne peut recevoir aucune figure. Cause de tout ce qui est, il est dans tout ce qui paraît et ne peut lui-même ni changer, ni se corrompre : il est immuable, il est éternel. Il est l'esprit invisible qui pénètre toutes les parties de l'Univers et qui, par sa présence, anime et meut la nature. Le définir est impossible. La seule idée approchante, et pourtant si éloignée encore, qu'un homme puisse donner de la puissance et de la majesté du Dieu, sera de dire : il a pour corps la Lumière et pour âme la Vérité !

Tel est, hommes d'Athènes, le Dieu véritable, le Dieu inconnu, le Dieu qu'on ne peut pas nommer, Celui dont la pensée et la volonté ont créé toutes choses.

KALLIKLÈS

Et nos dieux, ô étranger, ces dieux que tu nous a permis d'aimer, que sont-ils et quel est leur office, si ton Dieu inconnu suffit à créer le monde et à le diriger?

AGLAOPHAMOS

Je l'ai dit : ils sont les images inaltérables du Dieu, les symboles intelligibles de sa majesté et de sa puissance. C'est en connaissant les dieux que nous pouvons nous rapprocher du Dieu. Sa nature, il est vrai, reste toujours, pour nous qui sommes imparfaits, incompréhensible. Le Dieu seul peut prendre du Dieu une idée adéquate. Mais, nous pouvons juger de la majesté, de la puissance et de la beauté de la Cause par la majesté, la puissance et la beauté des effets qu'elle produit. Les dieux sont les premiers effets de la première Cause qui est le Dieu !

L'Éther lumineux, la chaleur bienfaisante d'Hélios qui fait croître, sur la terre, les plantes, les animaux et les hommes, nous signifient la toute-puissance du Dieu : c'est pourquoi

nous honorons Zeus et Apollon porte-lyre, l'harmonie souveraine et l'harmonie qui crée.

Tout-puissant dans le ciel, il est aussi tout-puissant dans
les mers. Elle éclate, la puissance souveraine du Dieu, dans
la violence des vagues, qui se dressent, comme de blanches
cavales, pour escalader les rochers. Poséidon ébranle les
terres et gouverne la mer !

Il est encore, le Dieu des dieux, l'intelligence qui sait
tout, qui connaît tout, qui prévoit tout, et nous aimons
Athéna, la bonne déesse, et nous admirons l'éloquence et la
subtilité d'Hermès !

Il représente, dans Héra, les puissances mystérieuses de
la génération ; dans Artémis, la vie obscure des animaux et
des arbres ; dans Hestia, la joie calme du foyer, la vie
chaste et tranquille du sage.

La flamme ardente, qui se tord le long des métaux, grâce
à laquelle le démiurge forgera des épées ou des socs de
charrue, nous est un signe que le Dieu est artiste, et nous
vouons un culte à Héphaïstos, le boiteux sublime !

Et la beauté du Dieu est telle qu'elle a provoqué de tout
temps l'adoration des hommes. Aphrodita, mère des Grâces,
est vénérable entre les déesses. Elle transparaît, la beauté
du Divin, dans la noblesse de la stature et dans l'harmonie
des traits du visage, et, encore, dans le sourire qui éclôt
aux lèvres de la femme : ce sourire qui attire, qui fascine
les hommes, qui appelle l'amour. Et les races se propagent,
obscurément obéissantes aux séductions de la beauté !

KALLIKLÈS

Tu nous a révélé, Aglaophamos, le dieu inconnu qui préexiste aux dieux. Je crains qu'il ne ressemble un peu à
l'Être que chantait le vieux Xénophanès. N'a-t-il pas dit, cet
ancien redoutable, que l'Être est tout ce qui est, et qu'il
sait tout, qu'il connaît tout, qu'il est dieu ! Peut-être encore

que ta doctrine sur le dieu inconnu se pourrait comparer à ce secret que Parménidès a confié à nos profondes méditations : que ce qui est est, que l'être est Un, identique à lui-même, qu'il est immobile et parfait, qu'il n'admet aucun changement.

N'est-ce point là ta pensée, Aglaophamos, ou bien ma pauvre intelligence n'a-t-elle pas su la comprendre ?

AGLAOPHAMOS

Tu n'a pas compris, Kalliklès. Ton intelligence est préoccupée de comprendre autre chose que ce qu'il faut comprendre. Je révèle le Dieu, non pas la nature du Dieu. Je révèle qu'il est, non pas ce qu'il est. Il n'est pas donné aux mortels de pénétrer sa nature. Il n'est pas l'Être qui est, il est l'Être qui fait. Il est la Cause qui réalise, non l'effet réalisé. Ce qui est est, et ne fait pas. Si l'œuvre ressemble à l'artiste, elle n'est pas l'artiste. L'artiste peut contempler son œuvre, il se distingue de son œuvre par sa contemplation même : il se connaît. Nous, nous connaissons l'œuvre, mais nous ignorons l'artiste. Nous savons seulement cela de lui, qu'il est le créateur tout-puissant, source de toute intelligence. Nous connaissons sa beauté, ses perfections, mais sa nature, son être, nous ne le pouvons atteindre. Pourquoi est-il l'éternelle raison d'être, la puissance créatrice sans antécédents et sans matière ? C'est là ce que l'esprit d'un homme ne pourra jamais sonder !

KALLIKLÈS

Il me semble, étranger vénérable, qu'en ce moment je pénètre plus avant dans ta pensée. Ta révélation consiste à affirmer l'existence d'un être, que tu déclares ne pouvoir expliquer. Tu attribues à ton dieu les qualités les plus hautes : il est la puissance souveraine, il est créateur, et tu ne peux me dire ni d'où lui vient cette toute-puissance, ni ni comment il la possède. Me parler de ce dont l'existence est invérifiable d'une part, et de l'autre incompréhensible, c'est exactement me parler de ce qui n'existe pas. Quand je déclare que Platon existe, je suis prêt à dire ce qu'est Platon, et, si l'on veut, je dirai qu'il est assis près de moi, et qu'il est vieux, et encore, qu'il est éloquent, et enfin, qu'il est mon ami, quoi qu'il m'ait souvent pris pour un ennemi, les jours où nous discutions sur la vérité et sur la justice. Mais si je disais, ô hôte de Platon, qu'un certain Platon existe et qu'il est un grand philosophe, cependant qu'on ne sait où il est ni d'où il vient, ni même s'il est homme ou poisson, je ne serais pas plus avancé en connaissances réelles, que si je niais l'existence de Platon. On ne peut pas séparer l'être des conditions qui le font connaître.

AGLAOPHAMOS

O Kalliklès d'Athènes, tous tes sophismes ne prévaudront pas contre la vérité. Le moment n'est pas d'aiguiser des arguments subtils : il faut écouter et entendre. Applique ton esprit à recevoir la vérité, accepte-la sans orgueil. Il ne s'agit pas de savoir qui l'emportera dans la discussion, du vieux Kalliklès ou du vieil Aglaophamos, et, le discours fini, une couronne de lauriers ne sera pas décernée au vainqueur. Tu comprendras mes paroles dès que tu ne feras plus effort pour ne pas les comprendre.

KALLIKLÈS

Comment comprendre, mon cher ami, et quelle chose comprendre? Tu avoues toi-même que tu ne peux pas expliquer.

AGLAOPHAMOS

Il faut comprendre cela même, Kalliklès, qu'il y a quelque chose qui ne se peut pas comprendre et expliquer. Écoute :

les jours où, sur l'Agora, les citoyens assemblés discutent avant d'édicter les lois, qui, selon les cas, pourront être utiles ou nuisibles à la patrie n'as-tu pas remarqué que ceux des citoyens qui sont réputés les plus éloquents prenaient la parole à tour de rôle, non pas pour rechercher quelle loi serait un bienfait pour la cité d'Athéna, mais pour étaler leur éloquence, dans l'espoir, qu'après les avoir écoutés, tous les autres diront : celui-là est encore plus éloquent que Lysias? Et dans ces discussions, où il s'agit pourtant de l'intérêt général, ce n'est pas le plus sensé qui l'emporte, ni celui qui, aimant le mieux la patrie, a l'exacte notion de ses aspirations et de ses besoins, mais celui qui, par des insinuations flatteuses, sait le mieux caresser les instincts aveugles de la foule. Tu ne me donneras pas un démenti, Kalliklès, toi qui as appris de tes maîtres l'art délicat de persuader.

Ainsi, quand il est question, uniquement, des intérêts humains, les hommes sont incapables d'un jugement sain. La naïveté ou l'orgueil, le désir de briller les entraînent loin de la vérité et de la justice, quand ce ne sont pas des passions moins avouables encore : l'esprit de vengeance ou l'esprit de lucre. C'est pour ces raisons, mon ami, que les discussions politiques sont inutiles ou vaines le plus souvent, et que personne, en conscience, ne pourrait dire, aussitôt après qu'une loi est votée, que c'est celle-là qui convenait pour la cité. C'est là un grand mal, Kalliklès.

KALLIKLÈS

Je l'accorde, mais à quel but tend ce nouveau discours? J'oserai dire qu'il ne répond pas à la difficulté que j'ai signalée dans ta doctrine. C'est, d'ailleurs, si amusant de discourir et de discuter, pour nous surtout qui sommes vieux et qui n'avons rien de mieux à faire ! Ce n'est pas une raison pour interdire aux hommes de faire des discours, que de recon-

naître — ce que j'accorde volontiers — que les discours sont
le plus souvent inutiles et quelquefois nuisibles. Ne méprise
pas l'éloquence, Aglaophamos, toi qui as reçu du dieu la
mission de persuader les hommes, et réponds, je te prie, à
cette objection sur les rapports de l'être et du connaître,
que j'ai opposée tout à l'heure à ta doctrine.

AGLAOPHAMOS

Tu es impatient et pourtant tu n'es plus jeune, ô Kalliklès : tu ne sais pas écouter. Ton argument n'est qu'un
sophisme et tu l'avoueras bientôt.

Veux-tu me dire, maintenant, si tu es mon ami ?

KALLIKLÈS

Un ami très dévoué et très sûr, vénérable Aglaophamos,
quoique tu fusses, hier encore, un inconnu pour Kalliklès.

AGLAOPHAMOS

Si tu es mon ami, tu conviendras avec moi que ce désir
qu'éprouvent les hommes de discourir et de discuter sans
chercher à s'entendre, est un signe, qu'avec la seule lumière
dont peut disposer la raison humaine il n'est pas aisé de
découvrir la vérité.

KALLIKLÈS

Par Gorgias, mon maître, le génie le plus subtil que la
terre de Sicile ait jamais enfanté ! je t'accorde ce point, ô
étranger, que je salue en signe d'amitié profonde.

AGLAOPHAMOS

Et celui-ci, me l'accorderas-tu encore, mon cher ami, afin
de me rendre tout à fait heureux ?

KALLIKLÈS

Je t'accorderai bien des choses, Aglaophamos, afin de te

rendre tout à fait heureux : dis-moi, toutefois, ce que tu veux que je t'accorde.

AGLAOPHAMOS

Ceci et pas autre chose. Quand des philosophes cherchent en commun la solution d'un problème, n'est-il pas vrai que chacun d'eux a pour objet, non pas de chercher la vérité, mais de convertir les autres à ce qu'il croit être la vérité ? Au moment de la discussion, ceux qui écoutent se préoccupent non pas précisément de ce qui est dit, mais de la façon dont ils répliqueront, quand le moment sera venu pour eux de prendre la parole ; et, maintenant même, afin de ne pas faire exception à la règle, le vieux Kalliklès s'applique, non pas à entendre ce que lui dit le vieil Aglaophamos, son ami, mais à chercher ce qu'il pourra bien lui répondre afin de montrer qu'il est le plus élégant des philosophes d'Athènes.

KALLIKLÈS

J'accorderai encore ce point, mon cher ami ; mais avoue que tu es philosophe toi-même et que tu participes de ce travers.

AGLAOPHAMOS

Kalliklès, je ne suis pas philosophe

KALLIKLÈS

Qu'est-tu donc, ô étranger ?

AGLAOPHAMOS

Je suis l'envoyé du Dieu !

KALLIKLÈS

Que ton Dieu, Aglaophomos, veuille me pardonner cet oubli ; je ne voyais plus en toi que l'hôte de Platon.

AGLAOPHAMOS

Examine à présent, mon ami, à quelle fin tend le Discours ;
ni les orateurs ne peuvent découvrir ce qui est utile à la cité,
ni les philosophes ne sont du même avis quand ils discutent
sur la vérité et sur l'erreur. On ne fait pas comprendre la
vérité aux hommes. Vous avez entendu Platon, et ni Eudoxos,
ni le vénérable Antisthénès, ni toi, mon cher ami, vous
n'avez été persuadés. Quels que soient le génie et l'éloquence d'un homme, il ne pourra jamais convaincre les
autres hommes de l'excellence de sa doctrine. La vérité doit
être imposée ; la vérité ne se discute pas. La question n'est
pas de savoir s'il est possible à l'intelligence d'un homme
de comprendre comment un être existe dont on ne peut
définir et délimiter la nature ; elle est, pour une âme que
l'orgueil n'a pas égarée, de prendre conscience de son impuissance à connaître le fond de quoi que ce soit. Et, dès
lors, elle se rendra compte que des choses peuvent exister,
et des êtres, sans qu'elle comprenne comment elles sont
possibles.

Les opinions des hommes, mon cher ami, restent toujours
flottantes : elles ne peuvent leur servir de guide ; et il leur
faut un guide. Il ne s'agit pas de discuter mais de vivre, et,
pour vivre, il faut une règle de vie. C'est cette règle de vie
que je vous apporte. Et je dis aux hommes, fils de la femme :
le Dieu m'a envoyé vers vous ; il m'a dicté la vérité que vous
devez connaître et adorer dans votre cœur ; ne discutez
jamais ses paroles ni ses ordres ; appliquez votre intelligence à les comprendre, et votre volonté à les exécuter ; ne
vous demandez jamais comment il peut se faire que le Dieu
existe ; se créer des difficultés sur son existence, c'est déjà
douter de son existence, et c'est déjà offenser sa majesté !

KALLIKLÈS

Ne se pourrait-il pas, mon cher ami, qu'un homme, dans

toute la sincérité de son âme, se refusât à croire à l'existence du Dieu inconnu? Il dirait, j'imagine, que c'est une absurdité de penser qu'un être existe dont il impossible de dire la nature.

AGLAOPHAMOS

Cela se pourrait : tout est possible de l'orgueil de l'homme. Je dirais à cet homme : « Il faut vaincre ton orgueil, mon ami; sois humble, ainsi qu'il convient à un homme. Tu es indigent et tu te crois riche; reconnais ceci, que tu es indigent, et tu seras sauvé. C'est le salut qui importe. Mais pour être sauvé, il faut croire. Tu ne crois pas que le Dieu existe, fais comme si tu croyais à son existence. Décide d'aller au temple, prosterne-toi devant le sanctuaire et prie. Impose-toi de suivre toutes les cérémonies, et le jour viendra où tu comprendras que tu ne peux pas comprendre le Dieu. Alors, ta fausse raison une fois domptée, le véritable amour s'éveillera dans ton âme et prendra son essor. Ce jour-là, délivré de l'orgueil humain, tu seras heureux. »

KALLIKLÈS

Et si ce jour ne venait jamais?

AGLAOPHAMOS

Cela se pourrait encore : il est, sur la terre, des volontés rebelles. Mais, quelle que soit la résistance que certains hommes opposent à ses commandements ou à ses prières, dans aucun cas, celui qui parle au nom du Dieu n'a le droit de désespérer du triomphe final de la sainte cause. Celui qui vient de Dieu aime les hommes, c'est par amour qu'il veut les sauver, fût-ce malgré eux. C'est pourquoi, mis de nouveau en présence de l'insensé qui se refuserait à croire en Dieu, et dont l'orgueilleuse intelligence protesterait encore, je dirais, et ma voix serait douce et caressante comme une prière :

« Pourquoi ne veux-tu pas croire, ami, alors qu'il est
pour toi si avantageux de croire? Tu es malheureux parce
que tu es sans croyances, et je t'arrache à l'incrédulité! Je te
donne la paix de l'âme et, au nom du Dieu, si tu m'acceptes
pour guide, je te promets le bonheur dans la société des
dieux immortels, un bonheur qui ne finira jamais. Tu me
regardes avec défiance, tu crains peut-être que je veuille te
tromper? Mais ne vois-tu pas que je t'aime, que c'est uniquement pour toi que je te veux initier à la sagesse qui te
conduira à la véritable vie? Sois sans crainte, je suis
bien celui auquel le Dieu a confié cette mission sacrée
d'enseigner aux hommes la Loi qui veut être obéie. Je suis
celui qui sait, celui qui ne se trompe pas. Viens, ami, je te
montrerai la route qu'il faut suivre et je guiderai tes pas!

KALLIKLÈS

Puissant argument! mon cher ami, mais il a un vice grave
que je dirai, si tu m'autorises à parler en toute sincérité.

AGLAOPHAMOS

Parle.

KALLIKLÈS

N'est-il pas vrai que la plupart des philosophes ont cette
prétention d'apporter aux hommes, avec leur doctrine, la
vérité? Suppose que notre Antisthénès, qui est si calme,
assis près de toi, se lève tout à coup et t'adresse ce discours :
Aglaophamos, ta doctrine est fausse; la mienne est la vérité;
seule elle enseigne le Souverain Bien? Que répondrais-tu?

AGLAOPHAMOS

Je répondrais qu'il parle au nom de la raison humaine,
qui est faillible, et que je parle, moi, au nom du Dieu, qui
ne se trompe pas.

KALLIKLÈS

Et s'il disait parler au nom du Dieu?

AGLAOPHAMOS

Il tiendrait, en ce cas, le discours que je tiens. Il n'est pas deux façons de parler au nom du Dieu. Comment se pourrait-il qu'on fût un envoyé du Dieu parmi les hommes et qu'on n'affirmât pas que le culte du divin prime tout : la philosophie, la science, la politique? Ne voyez-vous pas que ni la philosophie ne peut avoir une valeur, ni la Science, ni la politique, si ce n'est dans le cas où elles nous préparent à aimer Dieu et à le servir? Otée la providence du Dieu, c'est l'intelligence humaine, si peu sûre, qui gouverne le monde, quand ce n'est pas la force, quand ce n'est pas la ruse. Au règne de la force ou de la ruse, vous préférez le règne de l'opinion avec toutes ses incertitudes, ou de la Science qui ne répond à aucune question d'ordre supérieur. L'intelligence elle-même, je l'ai dit, ne peut servir de guide, et il faut un guide; il faut une règle de vie, parce que les conséquences d'un faux jugement peuvent être terribles. Ne savez-vous pas que la faute d'un seul peut entraîner des nations à la ruine? Le salut est dans l'obéissance à des commandements divins! Qui parle au nom de Dieu est le bienfaiteur des hommes. Il les dirige à la fois et les contient; il les conduit au port. Les doctrines humaines sont audacieuses et ennemies les unes des autres, et c'est un signe qu'elles ne doivent pas triompher. Dès qu'on bannit le culte du vrai Dieu de la conscience des hommes, ils vont à la dérive. Mais quels que soient leur orgueil et leur malice, les hommes finiront par entendre la voix du Dieu, les écailles tomberont de leurs yeux, ils verront la vérité, ils comprendront qu'Aglaophamos est l'ami des hommes, et que ce navire qu'il s'offre à conduire, est le seul qui puisse promettre de ne jamais faire naufrage.

KALLIKLÈS

Ceux-là pourront te suivre, Aglaophamos, qui croient

avant de comprendre ; il est vrai que ceux-là sont nombreux.
Mais peux-tu assurer qu'aucune volonté ne résistera à tes
arguments ou à tes prières? N'as-tu pas remarqué que dans
ce conflit de doctrines où se débat la pensée des hommes,
il est impossible de persuader ceux qui, déjà persuadés par
d'autres arguments, se refusent à écouter ou à comprendre ?

AGLAOPHAMOS

Comment l'ignorer? L'orgueil de l'homme et sa malice
sont sans limites. Mais, pour dompter les volontés rebelles,
je sais un argument.

KALLIKLÈS

Quel argument?

AGLAOPHAMOS

La Force!

KALLIKLÈS

La Force?

AGLAOPHAMOS

Oui, la Force! Ce sont des volontés mauvaises celles qui
résistent à la loi divine, et à la volonté mauvaise il faut
opposer la force. Il n'est pas juste que le triomphe de la
sainte cause dépende de cet esprit de révolte qui souffle dans
le cœur des méchants. Si jamais le Dieu me donne la
puissance, je me dresserai contre ces méchants et je dirai :
la vérité que j'enseigne, quand bien même, ce qui est impossible, elle ne serait pas la vérité toute pure, est du moins
plus près de la vérité que ne le sont vos opinions particulières, diverses et contradictoires. La connaissance et le culte
du vrai Dieu sont nécessaires au monde pour le maintien
des bonnes mœurs, et encore, comme une consolation offerte
à ceux qui souffrent, aux hommes les plus malheureux. Cette
connaissance, je l'apporte au monde, et si le Dieu le permet,
je l'impose aux hommes. Ils doivent la recevoir ou bien...

KALLIKLÈS

Ou bien?

AGLAOPHAMOS

Ou bien mourir!

PLATON

Par Athéna la bienfaisante déesse, mon cher hôte, ta doctrine est puissante et séduisante, mais effrayante aussi pour des Athéniens amis de la justice et de la liberté. Vois! tu as effrayé Kalliklès, et, depuis un moment, Eudoxos agite ses bras et ses jambes comme s'il était malade. Serais-tu malade, Eudoxos?

EUDOXOS

Je crains de le devenir. Il est difficile, parfois, de tenir les promesses que l'on a faites, et je me suis imprudemment engagé à ne pas interrompre le Discours.

PLATON

Tu parleras plus tard, mon ami; en attendant, qu'Asklépios te vienne en aide! Et toi, mon cher hôte, as-tu encore quelque chose à nous enseigner sur le Dieu inconnu?

AGLAOPHAMOS

Ce que je dis du Dieu, hommes d'Athènes, c'est que, qui prétend le comprendre et pénétrer sa nature est insensé. Le Dieu vit au-dessus de tous les temps et nous vivons dans le temps, il est immuable et nous changeons, il se suffit à lui-même et nous sommes des créatures misérables, dont la raison imbécile, tant qu'elle est livrée à ses propres lumières, se répand en des opinions qui flottent incertaines. Il est Celui qui fait tout ce qui est. Comment serait-il donné à notre faiblesse d'atteindre sa toute-puissance? Pour définir son essence il faudrait la dominer, et son être ainsi devien- drait relatif à notre être : il serait un être, non pas le Créateur, un être semblable à ces êtres dont les hommes peuvent pénétrer la nature. N'essayez pas de comprendre le Dieu : l'hirondelle rapide, malgré la vigueur de ses ailes, n'élèvera pas son vol jusqu'aux plaines de l'éther. L'important n'est pas de comprendre le Dieu, mais de croire qu'il existe et d'obéir à ses ordres. La volonté suprême exige que toutes les volontés se courbent devant la sienne quand il nous la révèle. De gré ou de force, il faut obéir.

KALLIKLÈS

Vénérable Aglaophamos, tu as mis en déroute ma pauvre intelligence. Je me demande si je suis éveillé, assis sous le platane et discutant avec des amis, ou bien si c'est en rêve que j'assiste au *Mystère*, écoutant le plus étrange des discours, qui me semble à la fois admirable et absurde. Si tu n'étais le chorège, ô Platon, je te dirais : pince-moi à l'épaule, afin que, si je suis endormi, je me réveille et j'applique mon esprit à entendre ces propositions que j'écoute. Que, du moins, si je ne puis les entendre, je sache pour quelles raisons je ne les entends pas. Aglaophamos, prends garde ! Je secoue mon vieux corps pour l'éveiller, et, en homme éveillé, j'examine ton discours.

Il me paraît, ô étranger, que toutes ces qualités que tu attribues à ton Dieu inconnu ne peuvent s'accorder ensemble. Tu le dis éternel, immuable, parfait et tout-puissant. Comment se peut-il qu'il soit à la fois toutes ces choses ? Pour moi, j'appelle tout-puissant un être qui peut tout ce qu'il veut : d'où il résulte qu'un être éternel, immuable et parfait ne peut être tout-puissant. Ecoute : un être qui serait nécessairement tout-puissant n'est pas tout-puissant. Celui-là est plus tout-puissant qui peut, s'il le veut, n'être pas tout-puissant, que celui qui serait tout-puissant sans pouvoir ne pas l'être. Si le dieu est vraiment tout-puissant, il sera ce qu'il se fera, il sera ce qu'il voudra être : tantôt ceci, tantôt cela. Il pourra même, s'il le veut, détruire son être, et, dès lors, on ne peut plus dire qu'il est éternel de sa nature, ou nécessairement, puisqu'il ne serait pas, en ce cas, l'indépendant auteur de tout ce qu'il est, mais dépendrait de sa nature éternelle et nécessaire ; ni qu'il est immuable, puisque, s'il est tout-puissant, il dépend de sa volonté de changer, et que, ne pas changer de volonté, c'est n'exercer jamais sa volonté, c'est ne pas posséder la volonté.

AGLAOPHAMOS

Disciple de Gorgias et de Protagoras ! sophiste ! Tu raisonnes du Dieu avec ton intelligence d'homme : tu ne sens pas le Dieu ! Ne peux-tu donc entendre cette proposition, ô Kalliklès, que le Dieu n'est pas un homme ? Il est tout-puissant par rapport à l'Être, puisqu'il fait être tout ce qui est, mais il n'a pas la puissance de n'être pas, parce que n'être pas n'est pas une puissance mais un défaut et un manque. Vérité, il ne peut mentir ; le mensonge est de l'homme : Lumière, il n'est pas les ténèbres ; Vie souveraine, il n'est pas la mort. Il est le Tout-Puissant parce qu'il est l'universel créateur et l'universel entendement ; mais un homme ne peut savoir du Dieu que cela, qu'il est tout-puissant : le fondement de sa puissance est un vain problème à se proposer : ce serait chercher la puissance sous la puissance et l'existence avant l'existence.

KALLIKLÈS

Gorgias, que tu sembles mépriser, ô étranger, et dont je suis le disciple, aurait admiré la souplesse et la subtilité de ton génie. Jamais peut-être sa subtile intelligence n'a conçu d'aussi étonnantes propositions. Ses arguments sur l'être et le non-être semblent des vérités de sens commun, si on les compare à tes arguments. Il est tout simple de démontrer que le non-être existe et que l'être n'existe pas ; mais,

démontrer que l'être suprême n'a pas de fondement dans
la nature, et que nous devons admettre qu'il est quoique
nous ne puissions pas le comprendre sans substance dont
il émane et sans génération, voilà ce que tu as fait, mon
cher ami, voilà qui est digne d'éloges, et je suis prêt à te
décerner la couronne de laurier.

AGLAOPHAMOS

J'ai dit la vérité, Kalliklès, et il faut aimer la vérité. Il
faut aimer le Dieu qui nous est inconnu et obéir à ses ordres
que nous pouvons connaître. Si nous ne pouvons arriver
jusqu'à la Cause des causes, nous pouvons en savoir les
effets immédiats : ce sont, d'abord, les dieux immortels que
j'ai décrits, ensuite les héros sublimes et les démons bienheureux qui servent de médiateurs entre les dieux et les
hommes, qui manifestent aux hommes la gloire de la création divine. Ce sont eux qui nous informent de ce qu'il faut
faire et de ce qu'il faut éviter. Leur mission est de trans-
mettre aux hommes les ordres du Divin. Ils sont les messa-
gers des dieux.

KALLIKLÈS

Ces héros et ces démons, Aglaophamos, sont-ils les
mêmes que nos demi-dieux ?

AGLAOPHAMOS

Quel est cet être que tu appelles un demi-dieu ?

KALLIKLÈS

Un être issu du commerce d'un dieu et d'une mortelle, ou
d'une déesse et d'un mortel.

AGLAOPHAMOS

Erreur sacrilège, mon ami, et qui porte atteinte à la
majesté des dieux. Les dieux n'ont pas de commerce avec

les hommes. Hommes, le péché d'orgueil vous a conduits à
inventer des fables monstrueuses : vous avez rabaissé les
dieux jusqu'à vous, afin de pouvoir dire que vous vous éle-
vez jusqu'aux dieux ! Les dieux sont en dehors et au-dessus
des hommes : ils sont libres et vous êtes esclaves de vos
passions, ils ne quittent jamais leur cité de lumière et vous
vivez sur la terre.

Écoute, Kalliklès, l'origine des héros sublimes et des
démons bienheureux :

Parmi les âmes qui vivent et souffrent liées à un corps,
un grand nombre oublient la dignité que les dieux ont voulu
donner à leur nature. Elles s'appliquent à se procurer des
jouissances immédiates, elles ne cherchent qu'à satisfaire
leurs désirs. Elles désapprennent, de jour en jour, qu'elles
sont des âmes d'hommes, elles sont, comme les animaux,
en quête des plaisirs les plus bas et les plus méprisables.
Elles seraient perdues à jamais si personne ne venait à leur
secours. Il faut les remettre dans la bonne voie, redresser
avec violence celles qui, plus que les autres, se sont abais-
sées. Ce sont, mon ami, les héros sublimes et les démons
bienheureux qui leur viennent en aide.

Les héros et les démons, avant d'avoir conquis cette
dignité qui passe en éclat tout ce que peut convoiter l'ambition des hommes, ont vécu une ou plusieurs vies. Peut-
être ont-ils, eux-mêmes, commis des fautes, autrefois, en
ces temps dont seuls les dieux conservent la mémoire ?
Mais, après avoir, dans la suite des siècles, expié leurs
erreurs ou leurs crimes, ils sont rentrés en grâce auprès
des dieux. Et maintenant, parce qu'ils ont aimé la vérité
pour l'harmonie et la beauté qui se dégagent d'elle, parce
qu'ils l'ont enseignée aux hommes, parce qu'ils ont été les
véritables gardiens de leurs frères, ils ont obtenu des dieux
la plus belle des récompenses, d'autant plus belle que,
n'étant pas promise, elle n'était pas attendue. Déliées par

la mort, leurs âmes se sont envolées jusqu'aux plaines de
l'éther subtil, qui est la source inépuisable de l'être, et
qui se répand en tout sens tout près de la demeure éternelle des dieux. Et ce sont les dieux, Kalliklès, qui leur
ont confié cette mission de devenir à jamais les gardiens
des hommes. Chaque fois qu'un homme est sur le point de
céder aux tentations du mal, une voix s'élève, du fond de
son âme, et proteste contre ce mal qui va être accompli.
Elle ordonne à l'homme de réagir, de résister aux désirs de
mal faire, de combattre ses tendances égoïstes et ses passions. C'est la voix des missionnaires des dieux qui commande et qui ordonne; si elle est obéie, l'homme échappe
à sa perte.

KALLIKLÈS

Dis-moi, ô étranger, est-il donné aux hommes de voir
ces héros sublimes et ces démons?

AGLAOPHAMOS

A quelques hommes seulement. — Ils sont, mon cher
ami, des esprits de lumière qui parcourent librement les
espaces du ciel immense. Ils vivent dans la gloire. Et seuls,
d'entre les hommes, ceux-là les peuvent connaître, qui,
purifiés de toutes les souillures, sont dignes de contempler
la pure vérité. Il faut être pur pour voir ce qui est pur.
Obscurcis par le péché, les yeux de la plupart des hommes
ne savent plus percevoir le corps lumineux et subtil, enveloppe sensible des héros et des démons. Les dieux immortels, ô Kalliklès, leur ont assigné pour demeure les astres
éclatants, mais, le plus souvent, l'amour qu'ils portent aux
hommes les retient sur la terre. Ils veulent sauver les
hommes, tous les hommes; ils veulent les rendre dignes de
la société des dieux.

KALLIKLÈS

Les héros sont-ils les mêmes que les démons?

AGLAOPHAMOS

Non, mon ami. Leur rôle a été différent pendant la vie qu'ils ont vécue près des hommes, et il est juste que la même dignité n'ait pas été attribuée, par les dieux, aux héros et aux démons. Les héros ont accompli sur la terre la tâche la plus belle : ils passent avant les démons, ils sont d'un degré plus élevé dans la hiérarchie des êtres.

A l'origine des temps, quand notre monde, si vieux aujourd'hui, était dans tout l'éclat de la jeunesse, de la force et de la beauté, comme s'il eût voulu témoigner de la puissance et de la majesté du Dieu qui l'a créé, des cités superbes furent édifiées par des hommes dont vous n'êtes que les fils dégénérés. Des ruines, de nos jours encore, attestent la puissance et la grandeur des cités primitives. Et d'antiques légendes sont venues jusqu'à nous. Elles nous enseignent que des héros fondèrent ces cités, qu'ils édictèrent, au nom des dieux, des lois justes auxquelles, les premiers, ils obéirent. Ils ont, à la fois, vécu selon la Loi, et ils ont initié les hommes à la loi. Ils ont enseigné aux hommes la justice, la charité, le véritable bonheur.

KALLIKLÈS

Et c'est aussi le bonheur véritable que tu nous veux apporter, Aglaophamos. Les dieux immortels, je l'espère pour toi, et tu dois aussi l'espérer, te récompenseront, un jour, de tes peines. Tu seras un héros subtil, et il te sera donné de parcourir librement l'immense étendue du ciel. Je te vénère, mon cher ami, en attendant que tu sois un héros.

AGLAOPHAMOS

O Kalliklès, je suis un héros !

KALLIKLÈS

Déjà !

AGLAOPHAMOS

Certes, et bien des générations ont passé, depuis que j'ai gagné la dignité suprême.

KALLIKLÈS

Tu m'étonnes. N'avais-tu pas dit, ô étranger, que les héros restaient invisibles aux yeux des simples mortels? J'avoue que ton corps est le plus subtil de ceux qui ont frappé mes regards ; pourtant, je le vois, et Platon aussi le voit qui est ton hôte, et Eudoxos avec qui tu as discuté ; Antisthénès lui-même, s'il lui plaisait de sortir de son ataraxie, pourrait tourner vers toi ses yeux et ne manquerait pas de t'apercevoir.

AGLAOPHAMOS

Les héros sont puissants : ils se rendent visibles ou invisibles, selon qu'il est nécessaire, pour remplir la tâche que les dieux leur ont confiée.

KALLIKLÈS

Tu as donc l'anneau de Gygès! Je t'en prie, mon ami, ne t'évanouis pas dans l'air pur, comme fait la fumée de l'encens qui s'élève de l'autel des dieux. Songe que tu n'as pas encore achevé de nous persuader : tu n'as pas dit ce que sont les démons, ni quelle est la nature de l'âme des hommes.

AGLAOPHAMOS

Écoute, alors. Les héros ont initié les hommes à la Loi, les démons ont obéi à la Loi : ils sont aussi très vénérables. Pendant les vies mortelles qu'ils ont vécues, ils ont rempli, à l'égard des hommes, tous les devoirs de justice et de bonté, et les dieux leur ont donné en récompense la vie bienheureuse. La Loi ordonne que des autels leur soient

dressés et qu'on leur apporte, aux époques voulues, les
prémices des fruits et des moissons, et des oblations de
farine pétrie dans l'huile vierge que l'on extrait du fruit
de l'olivier. Ils vivent, le plus souvent, près des hommes
dont ils ont un grand souci. Ce sont eux qui veillent au
chevet des jeunes filles afin de protéger leur sommeil ; ce
sont eux que les hommes invoquent dans leurs afflictions
et dans leurs joies, quand elles ne sont pas impures. Ils
apprennent, les bienheureux et les aimés, la pudeur aux
vierges, et aux mères ces douces caresses qui consolent
les enfants. S'ils n'étaient protégés par les démons, les
hommes, par l'effet de leur propre méchanceté, seraient les
plus malheureux de tous les êtres.

KALLIKLÈS

Je voudrais, Aglaophamos, devenir un démon. Je serais
heureux d'avoir des ailes et d'être appelé protecteur et
consolateur des hommes.

AGLAOPHAMOS

Les démons n'ont pas d'ailes, mon cher ami. Leur corps,
dégagé de toute pesanteur, se meut librement dans cet
intervalle qui sépare les astres éclatants de la terre où il
est imposé aux hommes de subir l'épreuve de la vie.

Comment cette prétention peut-elle être la tienne, ô Kalliklès, de vouloir être un démon bienheureux ? Je te connais :
ta vie n'a pas été selon la justice. De l'intelligence que les
dieux t'ont donnée, tu as fait un pernicieux usage : tu n'as
su ni comprendre ce qu'il fallait comprendre, ni aimer ce
qu'il fallait aimer. Tu as trompé les autres, et tu t'es trompé
toi-même davantage. Tu es douteur à la fois et crédule ; tu
plaisantes de ce dont il ne faut pas plaisanter : tes plaisanteries retombent sur toi. Maintenant encore, devant moi
qui suis venu apporter jusqu'ici les paroles du Dieu, tu

essaies de jouer comme un enfant. O Kalliklès, tu devras
racheter toutes ces fautes. Il faudra expier, expier longtemps et souffrir, et te repentir ensuite, et te relever par
l'humilité sincère et le sincère amour, avant de rentrer en
grâce auprès des dieux.

KALLIKLÈS

Vieillard, voilà que tu veux encore m'épouvanter, moi
qui suis vieux aussi et qui n'aime pas à avoir peur. Laisse-
moi jouer un peu ici-bas. Tes dieux sont vraiment trop
sévères s'ils défendent aux hommes de plaisanter. Examine,
je te prie, que moi, qui suis un pécheur, je n'ai pas, comme
toi, la perspective d'une vie d'éternel bonheur : permets que
je rie encore un peu avant de mourir. Ne te fâche pas et
dis-nous, je te prie, comment il se fait que toi, qui veux
bien aujourd'hui, sous le platane d'Akadémos, discuter avec
des hommes, tu sois un de ces héros subtils qui vivent,
habituellement, dans la société des dieux.

AGLAOPHAMOS

J'ai été un homme, et, comme les hommes, j'ai vécu, j'ai
souffert. Je vous ai dit mes erreurs, j'ai dit aussi l'expiation.
Héros, par la grâce des dieux immortels, j'ai voulu encore
expier par delà l'expiation, et j'ai choisi ce rôle de vivre
parmi les hommes et de combattre l'erreur! Et l'esprit du
Dieu souffle dans mon cœur et se répand par mes lèvres. Je
continue sur la terre la sainte mission d'Orpheus et de Pythagoras : je suis le véritable Aglaophamos.

KALLIKLÈS

Véritable Aglaphamos, je te salue!

AGLAOPHAMOS

Je suis Aglaophamos et ma puissance est grande ; je fais

partie de l'armée invincible des héros du ciel. Et le Dieu m'a donné de dompter les volontés orgueilleuses et rebelles ; jamais un homme ne s'est rencontré, capable de soutenir l'éclat de mon regard.

KALLIKLÈS

Souviens-toi, vénérable étranger, que tu as promis à Platon de ne pas faire usage, ici, de ce pouvoir que les dieux t'ont donné.

AGLAOPHAMOS

Je ne veux être, ici, qu'un homme, qu'un humble étranger accueilli par Platon, et je n'attends de vous, hommes d'Athènes, que d'être traité comme un homme.

PLATON

Et nous te considérons, mon cher hôte, comme un homme très vénérable par ton éloquence et ton grand âge. Si tu es, en outre, un messager des dieux, sois le bienvenu parmi nous, et, au nom de la sainte hospitalité que nous t'offrons à Athènes, interviens auprès d'eux pour qu'ils nous soient bons et secourables. La puisssance que tu as proclamée comme étant la tienne dépasse de beaucoup la puissance des hommes, et c'est une joie pour nous de te faire accueil. Comment ne pas me réjouir, quand je songe que, bientôt, grâce à la médiation du véritable Aglaophamos, il ne sera plus possible à Eudoxos de douter de l'immortalité de l'âme ? Tu nous démontreras, n'est-ce pas, mon cher ami, que le doux maître, vénéré entre tous, le fils glorieux de Phénarète, jouit de la vie qui ne finit pas.

AGLAOPHAMOS

Je ne le démontrerai pas, Platon, je le montrerai.

PLATON

Comment, et que veux-tu dire ?

AGLAOPHAMOS

O Platon! en face de nous, groupés autour de la statue d'Éros, des éphèbes, tes disciples, nous écoutent. Permets que j'appelle le plus pur d'entre eux, celui que le Dieu a choisi pour ce rôle sacré, et, dès ce soir, si tu le veux et s'il le veut aussi, ou demain, dès que la nuit aura envahi la terre, par l'effet de ce pouvoir que les dieux m'ont donné, j'endormirai l'enfant et je lui prendrai son âme. Puis, j'ordonnerai à l'âme de Sokratès de quitter, pour quelques instants, cette région de lumière où elle vit, afin d'habiter un corps qui, par sa pureté, est digne de la recevoir. J'affirme que l'âme de Sokratès obéira à mon commandement, et vous pourrez, hommes d'Athènes, juger de l'étendue de ma puissance. Tu interrogeras, Platon, ton maître vénéré, et, tous, vous interrogerez celui qui sut vivre et mourir comme un sage. Par la bouche de l'enfant, l'âme de Sokratès vous répondra. Elle dira sa fonction nouvelle dans sa nouvelle patrie, elle dira ses joies ou ses souffrances et vous entendrez de merveilleuses paroles.

PLATON

Comment te refuser, mon cher hôte, cette autorisation que tu demandes? Appelle, parmi les disciples, celui qui te paraîtra le plus propre à remplir ton dessein. Mais, dis-moi, pourquoi l'âme de Sokratès ne peut-elle comparaître que pendant la nuit?

AGLAOPHAMOS

Ainsi l'ont décrété, Platon, les dieux immortels. C'est seulement pendant la nuit que les âmes peuvent rentrer en rapport avec les hommes.

O Platon! quel est le nom de ce jeune homme, de celui-là qui est le plus près de nous? Des boucles brunes encadrent son visage d'adolescent: il est beau!

PLATON

C'est Aristodémos, le plus jeune des fils de Kriton. Son père est mort il y a quelques années. Il fut particulièrement aimé de Sokratès, qu'il aimait. Il était aussi mon ami.

AGLAOPHAMOS

Eh bien, c'est le fils de Kriton que le Dieu a choisi.

(A Aristodémos.) Aristodémos, approche, mon enfant, et réponds-moi. Ne rougis pas, pourquoi rougirais-tu? Dis-moi : veux-tu venir, cette nuit, à la maison du maître? Si tu viens, je te veux endormir d'un profond sommeil en te regardant comme, maintenant, je te regarde.

ARISTODÉMOS

O étranger! ne me regarde pas ainsi, ton regard est cruel!

AGLAOPHAMOS

Ne crains rien, mon enfant, je ne te veux faire aucun mal. Vois, mes yeux ne sont pas méchants et je parle avec douceur. Tu viendras chez Platon, n'est-ce pas? Réponds-moi que tu viendras.

ARISTODÉMOS

Je viendrai, étranger, mais je voudrais ne pas venir.

AGLAOPHAMOS

Fort bien, mon enfant; l'important est que tu viennes. Écoute : je délierai ton âme de ton corps et l'âme de Sokratès viendra prendre sa place. Le veux-tu?

ARISTODÉMOS

Et que deviendra mon âme, ô étranger! pendant ce temps?

AGLAOPHAMOS

Je la tiendrai captive afin qu'elle ne remonte pas, sans

ton consentement, à la source des âmes, d'où elle est descendue pour informer ton corps.

ARISTODÉMOS

Moi, je ne veux pas me séparer de mon âme! O Platon! j'ai peur. Je veux rentrer à ma maison d'Athènes.

PLATON

Va, mon enfant! (*Aristodémos prend la fuite.*)

KALLIKLÈS

O le bel enfant! Voyez donc comme il court! Quelle rapidité! On dirait vraiment qu'il a des ailes aux talons comme Hermès, le Dieu messager. Voilà qu'il n'est plus qu'un point au bout de la grande allée. Tu peux être assuré, Aglaophamos, que celui-là ne doute pas de ta puissance. Et toi, Platon, tu feras bien de ne pas compter sur la présence de ton disciple avant que ton hôte n'ait rejoint les Iles Fortunées?

AGLAOPHAMOS

Pourquoi lui as-tu permis de fuir, Platon? L'enfant n'eût pas tardé à se laisser persuader.

PLATON

Je le crois aussi, mais il avait peur. Ne pourrais-tu en choisir un autre un peu plus âgé et plus courageux?

AGLAOPHAMOS

Non, celui-là seul, de ceux qui sont présents, convenait à mon dessein.

KALLIKLÈS

Tu chercheras, mon ami, un autre moyen de nous convaincre. Celui que tu proposes n'aurait eu, j'en ai peur aucune prise sur l'âme d'Eudoxos qui ne veut pas avoir une âme. Après avoir écouté parler l'âme de Sokratès, il t'aurait dit : ce n'est pas assez d'entendre une âme, je ne croirai qu'elle existe qu'après l'avoir vue. Et si, accédant à sa prière, tu eusses consenti à lui montrer l'âme de Sokratès, il n'eût pas manqué de s'écrier : cette chose que tu me fais voir, mon très cher, n'est pas une âme ; les âmes, si elles existent, sont essentiellement invisibles. Il est difficile, Aglaophamos, de persuader un homme qui ne veut pas être persuadé.

Sais-tu que tu n'es pas le seul à avoir cette prétention d'évoquer les âmes de ceux qui ont vécu? Quelques années, je ne sais pas au juste combien, après la mort de Sokratès, un homme, qui disait être un sage, vint à Athènes et me demanda l'hospitalité. C'était un Krétois. Il se faisait appeler Niképhoras. Un enfant l'accompagnait, un peu moins âgé qu'Aristodémos, un pauvre enfant malingre et souffreteux, très laid à la fois et dépourvu d'intelligence. C'est, pourtant, par la bouche de cet enfant, que j'ai entendu parler Oïdipous, le roi malheureux, et Minos, le grand juge. Est-ce parce qu'elles étaient indignées d'avoir pris la place d'une âme indigente et grossière? Je ne sais. Mais, la vérité m'oblige à reconnaître que ni l'un ni l'autre des deux personnages ne se montra éloquent. Ils se refusèrent à prononcer plus qu'une parole. Cette parole, toutefois, était digne d'être remarquée.

PLATON

J'espère que tu nous la feras connaître, mon cher Kalliklès.

KALLIKLÈS

Certes, mon ami. Oïdipous a prononcé ce mot : je suis très malheureux!

PLATON

C'était un mot de circonstance.

KALLIKLÈS

Sans doute; et c'est ce qu'a dit Niképhoras. Pour moi, j'inclinais à penser que l'enfant parlait peut-être pour son propre compte.

PLATON

Et Minos, le grand juge, qu'a-t-il répondu, quand tu l'as invité à parler?

KALLIKLÈS

Je ne sais si c'est moi, Platon, qui l'ai invité à parler, mais je sais bien qu'il a répondu : j'ai faim!

AGLAOPHAMOS

Oses-tu comparer un vil imposteur avec un envoyé du Dieu?

KALLIKLÈS

Pauvre imposteur, mon ami. Niképhoras ne pouvait en imposer aux gens intelligents. C'était un habile homme occupé de vivre aux dépens d'autrui. J'ai quelque idée qu'il ne croyait pas à l'existence de ces âmes qu'il évoquait. Ses airs mystérieux et ses grimaces amusaient la foule. C'était un Krétois et tu es un héros! Achève, Aglaophamos, l'exposition de cette loi divine que tu as pour mission de nous révéler. Sais-tu qu'on te pourrait adresser le reproche d'avoir voulu nous montrer que l'âme des hommes était immortelle, avant de nous avoir dit la nature et l'essence de l'âme?

AGLAOPHAMOS

C'était pour obéir aux ordres de Platon. O Platon! le Dieu qui me soutient mettra, sur ma route, un éphèbe au corps sain qui voudra se prêter à l'expérience sacrée. Tu interrogeras ton maître et tu jugeras si c'est, ou non, les paroles de Sokratès que tu auras entendues.

PLATON

Je n'ai pas mis en doute ta puissance, mon cher hôte. Continue, je te prie.

AGLAOPHAMOS

Je dirai ce que sont les âmes des hommes, d'où elles viennent, ce qu'elles peuvent devenir.

Elles sont de trois sortes : les meilleures, les médiocres et les pires. L'éther subtil est l'immense réservoir de la pensée. C'est de l'éther divin que sortent toutes les âmes. Avant qu'elles descendent sur la terre pour y subir l'épreuve de la vie, ainsi qu'il a été ordonné par la providence des dieux immortels, les âmes vivent heureuses et pures dans la société des dieux. Puis, le moment arrive, pour elles, d'informer des corps terrestres, et elles se moulent sur la forme du corps qu'elles animent, comme la cire prend la figure du moule où on la jette et qu'elle remplit. Avant que de naître, chacune est instruite de la loi édictée par la sagesse des dieux et est capable de la suivre ; mais elle peut aussi résister aux commandements du Divin : elle est libre, suspendue entre le bien et le mal. C'est pourquoi, dès qu'elles sont unies à un corps, les âmes des hommes ont à soutenir une lutte de tous les instants contre les esprits des ténèbres, les âmes de l'hypogée.

KALLIKLÈS

Les âmes de l'hypogée ? Que veux-tu dire, Aglaophamos ? J'entends parler de ces âmes pour la première fois.

AGLAOPHAMOS

Tu as été souvent, Kalliklès, victime de leur méchanceté. Écoute ce que dit de leur origine le divin musicien dans les livres sacrés :

« Les premiers hommes créés furent des géants d'une vigueur, d'une intelligence et d'une beauté telles que les hommes d'à présent n'en peuvent prendre une idée, même approchante. Ces êtres représentaient sur la terre le règne et la gloire des dieux qui leur avaient fait don de la vie bienheureuse. Pour jouir des plus grands biens, cela seulement leur était prescrit : suivre fidèlement les instructions du Divin. Mais ces êtres étaient libres, ils pouvaient désobéir. Le désir mauvais de s'accroître aux dépens des immortels, et, ensuite, de prendre leur place, s'insinua dans leur âme, et bientôt les passions monstrueuses se déchaînèrent et prirent leur essor : la luxure, la haine, l'ambition, l'égoïsme, le mal sous toutes les formes.

« Il y eut de grands combats. Les géants furent foudroyés. Zeus-Père lança contre eux les feux du ciel, Arès les perça de sa lance, Athéna les écrasa sous son bouclier.

« Depuis ce temps, n'ayant plus le pouvoir d'enfreindre les ordres des dieux, vaincues mais n'acceptant pas leur défaite, les âmes des géants errent dans les gouffres et les cavernes profondes d'où elles remontent souvent sur la terre, afin de séduire, par l'appât des faux biens, les âmes des hommes. Et les hommes flottent, indécis en leur liberté, entre les aspirations au bien qu'éveillent en leur cœur les héros et les démons bienfaisants, et les mauvais désirs que leur suggèrent les tentateurs de l'hypogée, qui luttent de toutes leurs forces afin de retarder, sur la terre, le règne du Divin. »

Telles sont les paroles d'Orpheus, ô Kalliklès !

KALLIKLÈS

Pourquoi, mon ami, les dieux immortels n'ont-ils pas rendu aux hommes ce service d'anéantir les âmes de l'hypogée ?

AGLAOPHAMOS

C'est le secret des dieux. Leur sagesse, mon ami, est très prudente et très avisée. Ils jugent des choses, non pas du

point de vue des hommes, mais du point de vue divin où il
ne nous est pas donné de nous élever. Peut-être que cette
lutte contre l'esprit du mal est nécessaire à l'homme pour
qu'il puisse acquérir des mérites en triomphant des tentations. Il faut gagner le bonheur; il faut montrer notre courage et résister au mal. Les âmes sont libres, c'est à elles
de faire leur vie. Les dieux n'empêchent pas le mal, ils
n'interviennent pas directement dans les actions des hommes; ce sont des juges qui observent et qui apprécient : ils
récompensent ou punissent selon les cas. Les dieux justes
rendent à chacun ce qui lui est dû.

Quand le moment arrive, pour l'âme, de se séparer de son
corps, elle tend naturellement à s'envoler vers ses juges. Si
elle a vécu selon la Loi, sa pure essence s'élève jusqu'à la
cité des dieux, où elle jouit du bonheur éternel. Mais les
âmes qu'aucun vice n'a souillées sont les moins nombreuses.

KALLIKLÈS

Et les médiocres, Aglaophamos, que deviennent-elles? J'ai
intérêt à le savoir. Tu m'as dit, tout à l'heure, un peu dure-
ment, si tu t'en souviens, que j'étais encore éloigné de la
vertu. J'en conviens, mais, si j'ai beaucoup de défauts et
quelques vices, je ne suis pas de ceux qu'on peut appeler
entièrement méchants.

AGLAOPHAMOS

Les médiocres d'entre les âmes, mon ami, alourdies par
leurs vices, ne peuvent, après avoir été délivrées du corps,
s'élever plus haut que le champ de Perséphoné, situé au-
dessous de Séléné. C'est là qu'elles viennent, flots par flots,
pour y subir les peines qu'elles ont méritées par leurs mé-
faits. Pendant des siècles et des siècles, elles souffrent de
terribles châtiments, jusqu'au jour où, purgées de leurs
impuretés et lavées de leurs souillures, elles descendent,

pures de nouveau, sur la terre, afin d'y tenter une nouvelle
épreuve.

KALLIKLÈS

Voilà qui me donne de l'inquiétude, mon ami. Quel est
donc le sort réservé aux autres, à celles que tu as nommées
les pires ? Que deviennent les âmes des méchants qui se
complaisent dans la méchanceté ?

AGLAOPHAMOS

Écoute ce que dit la Loi au sujet de ces âmes. Pour elles,
les vices qu'elles ont acquis sont comme de pesantes chaînes
qui les emprisonnent. Dès que l'âme a pris l'habitude du
vice, elle est avilie au point qu'elle ne se souvient plus du
ciel, sa première patrie, et elle est à tel point devenue
pesante qu'il lui est impossible de s'élever plus haut que
de deux ou trois coudées. C'est pourquoi les âmes injustes,
esclaves des passions, rôdent autour de nous, inquiètes,
guettant l'occasion d'entrer dans d'autres corps où elles
puissent satisfaire leurs désirs et leurs passions impurs, où
elles soient, de nouveau, mises en présence de ces faux
biens dont elles regrettent la perte. Si, par la vertu conquise,
l'âme des hommes se peut rendre digne de la vie divine, elle
peut aussi se dégrader à ce point qu'elle tombe au rang de
la brute. Déchue de sa dignité native, elle n'est plus capable
d'informer que des corps de bêtes. L'homme qui a pris
l'habitude de l'injustice revivra sous la forme d'un loup
ravisseur, et l'âme du débauché passera dans le corps d'un
porc immonde ; d'autres, les âmes sans pudeur, se glisseront
dans un corps de chien ; les âmes qui ont vécu dans le mensonge et dans l'hypocrisie habiteront des corps de serpents.
C'est pourquoi le maître, en signe de pitié pour ces âmes
déchues, recommande aux hommes de s'abstenir de la chair
des animaux. Ces âmes sont perdues à jamais! Elles ne
retrouveront pas le chemin de la cité de lumière.

KALLIKLÈS

Et si toutes les âmes, mon cher ami, prenaient l'habitude du vice, ne serait-il pas à craindre que la terre ne fût, un jour, habitée que par les bêtes?

AGLAOPHAMOS

Une telle fin ne se peut prévoir; elle serait contraire aux desseins de la divinité. La toute-puissance du Divin accumule sans fin la vie. La source de vie est inépuisable; toutes les fois qu'une âme se perd et déchoit de la dignité que les dieux lui avaient conférée, une âme nouvelle la remplace. D'une autre part, c'est parce que les immortels ne veulent pas que les âmes succombent toutes aux tentations, que les héros sublimes et les démons secourables ont reçu cette mission sacrée d'instruire les hommes et de purifier les âmes de leurs souillures. Ils sont aidés, dans leur tâche bienfaisante de sauveurs d'âmes, par les prêtres du saint culte du Dieu. Ces prêtres, mon ami...

KALLIKLÈS

De quels prêtres veux-tu parler, Aglaophamos?

AGLAOPHAMOS

Des prêtres qui suivent cette loi que j'enseigne, la loi du Dieu, la loi de Vérité! Je suis venu des pays lointains pour vous apporter cette loi d'amour, la parole qui sauve. Dans ces pays dont je parle, les prêtres que j'ai initiés à la bonne doctrine s'appliquent à purifier les âmes, à remettre en paix avec elles-mêmes celles qui ont failli. Ils aiment les hommes, tous les hommes, plus encore peut-être les méchants que les bons, car, plus que les autres, les méchants ont besoin d'amour, d'un amour ardent et véritable. C'est à bon droit que le prêtre peut dire : tous les hommes sont mes fils, toutes les femmes sont mes filles. Il connait les hommes et leurs faiblesses ; il sait que les hommes ont besoin d'être dirigés et conduits comme des enfants. Livré à ses propres forces, en tout pays où la Loi est inconnue, l'homme est un enfant qui ne veut pas être traité en enfant. Il refuse les conseils ; sa vanité et son orgueil se révoltent contre les ordres, quels que soient ceux qui les imposent. Il a cette prétention d'être son maître et d'agir à sa guise ; de là des erreurs et des fautes, dont les conséquences le jetteraient dans l'épouvante, s'il pouvait les prévoir. Il sait pourtant qu'il doit obéir à la loi divine, mais il ne veut pas obéir ; il a une tendance à croire que c'est être esclave que d'obéir aux dieux ; tandis que vouloir ce que veulent les dieux, c'est être sage, c'est être libre. La plupart des fautes que l'homme commet ont pour cause l'orgueil que suscitent en lui ces âmes perverses qui sont les ennemies des dieux, l'orgueil qui est comme une protestation de la faiblesse des hommes contre la toute-puissance du Divin! Pourtant, comme des enfants qui ont mal viennent tout en larmes auprès de leur mère et demandent une caresse afin d'oublier leur souffrance, les hommes, après que leur âme a failli pour la première fois, sont remplis de tristesse et cherchent un consolateur. Ils ont le sentiment de leur indignité et de leur déchéance; ils voudraient se cacher à leurs propres yeux. Peu importe qu'il y ait ou non des témoins à la faute commise, l'âme est, pour elle-même, le témoin perspicace contre lequel les sophismes les plus ingénieux ne prévaudront jamais. Sans doute, elle essaie de se dire, et des complaisants se rencontrent pour lui affirmer qu'elle n'est pas coupable, qu'il ne dépendait pas d'elle d'agir autrement qu'elle a agi. C'est en vain! Elle sait, en présence de sa faute, qu'elle est coupable. Les excuses qu'elle se cherche ne l'apaisent pas ; rien ne peut l'excuser d'avoir manqué à la loi divine. Seuls, les dieux ont le droit de pardonner, eux qui ont été offensés, et les prêtres ont cette fonction sacrée d'apporter aux coupables le moyen d'expier leurs fautes et de rentrer en grâce auprès de la divinité. Ils viennent, les sauveurs, à la rencontre de ceux qui ont péché, et, par de douces paroles, les invitent à confesser leurs fautes, quelles qu'elles soient, même si ce sont des crimes, surtout si ce sont des crimes, afin qu'ils expient d'abord, et que, par l'expiation et par la souffrance, ils puissent reconquérir la pureté et la dignité primitives de leur âme.

KALLIKLÈS

Est-ce que les prêtres dénoncent les coupables aux magistrats ?

AGLAOPHAMOS

Les prêtres dont je parle, mon cher ami, sont aussi les magistrats ; ils président à l'application de la loi, ils punissent ou récompensent au nom des dieux. Ne pense pas que la crainte d'un châtiment empêche le coupable de venir avouer sa faute. Tant que l'âme n'a pas pris l'habitude du vice, elle ne craint rien tant que de ne pas pouvoir se réhabiliter. Sa faute est comme un poids qui l'accable et dont elle veut se décharger. L'homme qui a failli réclame l'assistance du prêtre : Mon père, dit-il, j'ai péché ; j'ai désobéi aux commandements sacrés et mon âme est impure ; console-moi, relève-moi, guéris-moi, délivre-moi du fardeau ! Et, miséricordieux, le prêtre peut dire, après avoir jugé, en lui-même, de la gravité de la faute, après avoir infligé la punition nécessaire : Au nom des dieux tout-puissants, mon fils, je t'absous. Va en paix !

KALLIKLÈS

Mais, les prêtres, vénérable étranger, sont des hommes ; ils ont des désirs, des passions, quelquefois des haines. Ne se peut-il qu'un prêtre soit menteur, débauché, injuste et cruel? qu'il ait besoin, en un mot, d'un prêtre pour le juger, guérir son âme et l'absoudre? A cette époque, si éloignée de nous, où, adolescent à peine, je vivais dans le sanctuaire d'Apollon, sais-tu que je n'aurais pas osé affirmer que l'âme de quelques-uns de ces prêtres que je connaissais n'avait pas besoin d'être quelque peu purifiée? Et maintenant (je le dis tout bas, à cause de ces enfants qui nous écoutent), maintenant que je suis un vieillard, je l'affirmerais moins encore.

AGLAOPHAMOS

Les prêtres dont tu parles, vos prêtres, ne sont pas les vrais prêtres. Mes prêtres, avant d'exercer leur ministère sacré, ont subi de rudes et terribles épreuves. Leur âme, dès la plus tendre enfance, a été façonnée de telle sorte et disciplinée, ils ont une idée si haute de la mission qu'ils remplissent, qu'on peut dire d'eux : ils sont prêtres pour l'éternité! Ce ne sont plus des hommes. Kalliklès, ce sont des prêtres.

KALLIKLÈS

Et je m'en réjouis pour la doctrine, Aglaophamos, car ceux-là seuls ont le droit de punir qui ne méritent jamais d'être punis.

AGLAOPHAMOS

Ceux-là seuls, mon ami.

KALLIKLÈS

Dis-moi, n'arrive-t-il pas qu'après avoir expié une première fois, les hommes retombent dans le péché?

AGLAOPHAMOS

Certes, ils y retombent, Kalliklès, et très souvent encore.

Les hommes, je le disais tout à l'heure, sont des enfants qu'il faut surveiller sans cesse ; ils sont faibles, faciles à tenter ; si on ne les redresse vigoureusement, si on ne les remet pas dans la bonne voie, ils prennent, peu à peu, l'habitude du vice. Bientôt, ils n'ont plus conscience de leurs souillures, ils n'éprouvent plus aucun remords de leurs fautes ou de leurs crimes, quelquefois même ils s'enorgueillissent de leurs passions les plus viles. Dès lors, il n'est plus possible de les relever, ils sont perdus à jamais et le prêtre, témoin d'une telle déchéance, n'a plus qu'un souci : empêcher que, par l'exemple, le méchant n'entraîne au mal ceux qui suivent la loi des dieux.

KALLIKLÈS

Et comment l'empêchent-ils, ô étranger ?

AGLAOPHAMOS

En les bannissant de la société des hommes ! Les dieux ne sont pas seulement ceux qui récompensent et qui aiment, ils sont aussi les justiciers. Or, il est des âmes rebelles aux ordres des dieux. Habituées à l'erreur, au mensonge et au vice, elles se complaisent dans leur état. Elles ne peuvent plus être sauvées ; elles sont esclaves, esclaves pour toujours. Ames orgueilleuses et perverties, alourdies par le vice au point de ne plus pouvoir vous élever vers le Dieu, âmes dégradées, devenues semblables aux bêtes immondes, passez dans le corps des bêtes immondes ! Vous êtes le fruit gâté dont le contact est un danger pour le fruit sain ; âmes rebelles à la justice et à l'amour, disparaissez dans l'injustice ! Au nom des dieux tout-puissants je vous supprime !

PLATON

Et si tu te trompais, mon cher hôte, si tu prenais ton désir pour la volonté des dieux, si les dieux ne t'avaient

pas donné ce droit terrible de punir? C'est une lourde res-
ponsabilité que tu prends d'imposer la souffrance à des
hommes! A ta place, j'aurais peur.

AGLAOPHAMOS

Je suis sans crainte, Platon; ma doctrine est la vérité.

KALLIKLÈS

J'admire ton courage, ô étranger, et je vois bien que ton
amour pour les hommes va jusqu'à leur imposer les douleurs qui pourront les régénérer. Notre Platon, d'ailleurs,
admet, lui aussi, que la souffrance est l'unique remède aux
impuretés de l'âme. Pour moi, je n'hésite pas à accorder
qu'il est naturel de penser que la douleur peut corriger les
fautes et les crimes des hommes. Il n'en est pas moins vrai
que la condition de l'homme sur la terre est, telle que tu
la décris, la plus misérable et la plus triste. Pourquoi les
dieux, qui ont créé les âmes humaines, ne les ont-ils pas
faites plus courageuses et plus fortes contre ces tentations
que suscitent en elles, selon toi, ces âmes perverses qui
errent dans les gouffres de l'hypogée? Sans doute le mérite
sera grand pour celles qui triompheront dans une lutte si
disproportionnée à leur faiblesse; mais les vaincues, même
les plus méchantes des âmes des hommes, n'ont-elles donc
aucune excuse à faire valoir, et peux-tu sans hésitation et
sans scrupule te reconnaître le droit de les réprouver à
jamais?

AGLAOPHAMOS

Elles n'ont pas d'excuse, je l'ai dit. Prêtre et magistrat, je
les punis, au nom des dieux, selon la justice.

KALLIKLÈS

Je t'admire à la fois et je te plains. Les dieux secourables
me sont témoins que je ne pourrais avoir ton courage. Je ne

sais pas punir. Je n'arrive pas à comprendre qu'un homme s'arroge ce droit, même au nom des dieux, d'imposer la souffrance à d'autres hommes. Un prêtre qui condamne et qui punit n'est plus tout à fait un prêtre à mes yeux : un prêtre doit prier, consoler et bénir.

Encore, si, dans ce monde, seuls, les méchants étaient punis en expiation de leurs fautes, je comprendrais que le dieu t'eût confié le droit de les châtier ; mais il est des milliers d'êtres, sur la terre, qui n'ont pas failli et qui souffrent. Pourquoi cette souffrance imméritée ? Qui résoudra la redoutable énigme ? La douleur qui accable un être innocent et pur me semble être le scandale de la vie. Je n'hésiterais pas à dire de la philosophie qu'elle est la plus belle des sciences, et vous ne me reprocheriez plus de plaisanter des philosophes, que j'aime, quand ils ont, comme toi, Aglaophamos, l'esprit aiguisé et subtil, si vous pouviez m'expliquer pour quelle raison des êtres souffrent sans avoir mérité de souffrir. Peux-tu donner une solution au problème, Aglaophamos ?

AGLAOPHAMOS

Je le puis.

KALLIKLÈS

Et toi, Platon ?

PLATON

Je n'ose pas le promettre, et surtout je ne promets pas de te persuader. La question que tu poses est grave ; je l'examinerai, si tu veux, demain ou après-demain, quand le moment sera venu de clore le Discours. Écoutons, maintenant, Aglaophamos.

KALLIKLÈS

Permets, auparavant, que je précise mieux la question par un exemple. A côté de ma maison d'Athènes, Aglaophamos, se trouve la boutique de Kimon, le fabricant de sandales. C'est un pauvre homme, très laborieux, et qui gagne

péniblement sa vie. Ce Kimon avait un enfant, le plus joli, le
plus aimable de tous les enfants. Aimes-tu les enfants,
Aglaophamos? Moi, je les aime, tant qu'ils sont tout petits,
tant qu'ils n'ont pas encore appris des hommes à être
méchants. Et j'aimais le fils de Kimon. Il venait chez moi
pour jouer ; il m'appelait son ami. Je lui prêtais des tablettes
et un style ; il s'amusait à tracer des caractères étranges sur
la cire. Toute la journée, il gazouillait comme un oiseau ; je
ne me lassais pas de l'écouter. Il me donnait à résoudre les
questions les plus imprévues et les plus extraordinaires. Je
n'étais pas toujours capable de lui donner les explications
qu'il aurait fallu. « Comment se fait-il, me disait-il un jour,
de sa petite voix mal assurée, que l'homme n'ait que deux
bras et que deux jambes? » Et je n'ai su que répondre. Il avait
les yeux pers comme Athéna, des yeux très limpides et très
doux : je l'avais surnommé Glaucon.

Une nuit, son père vint m'arracher au sommeil ; mon
petit ami était malade et me réclamait. Ses yeux, ses beaux
yeux que j'aimais, étaient éteints ; ses mains tordues et
crispées faisaient comme un effort pour écarter le mal. Pendant des jours et des nuits, il eut à subir de vives douleurs ;
il luttait vaillamment, il ne voulait pas mourir. Mais son
courage fut aussi inutile que le savoir des médecins ; et la
mort triompha. Qu'avait-il fait, dis-moi, cet être innocent et
doux? Que les dieux aient voulu l'enlever à ses parents, je
le comprends encore, mais pourquoi lui ont-ils imposé de
telles souffrances? Quand je pense qu'il y a dans le monde
tant de petits Glaucons qui souffrent, sans que jamais personne ait pu donner la raison de ces souffrances, mon sang
se révolte et je crie que la souffrance imméritée dans la
nature accuserait les dieux si la nature était leur œuvre !

AGLAOPHAMOS

Cette révolte est un péché. Les dieux ont voulu, mon

ami, les dieux tout-puissants et très sages, que la souffrance
des innocents servit, dans certains cas, à racheter les fautes
des coupables. Ton petit ami devait souffrir et mourir
ensuite, afin que la volonté des dieux fût accomplie. Prends
garde que les dieux très justes et très bons ont voulu que
les changements les plus heureux qui s'opèrent parmi les
nations fussent, presque toujours, achetés par de sanglantes
catastrophes. Des victimes expiatoires sont nécessaires pour
la rédemption des péchés des hommes. Plus rapides que
l'éclair, plus actives que la foudre, les souffrances des justes
et des bons pénètrent les entrailles coupables et en dévorent
les souillures. C'est peut-être pour toi, pour sauver ton
âme de la perdition éternelle, que cet enfant, que tu aimais
et qui t'aimait, est mort dans la douleur.

KALLIKLÈS

Pour moi ! Mais, je ne permets pas, Aglaophamos, que
d'autres, que ceux-là que j'aime surtout, supportent les
conséquences des fautes que j'ai pu commettre. Ce serait
injuste. Et si un Dieu existe qui a décidé d'imposer la douleur à des innocents afin de racheter les crimes des coupables, j'affirme que je ne voudrais pas être ce Dieu !

AGLAOPHAMOS

Voilà que tu blasphèmes, Kalliklès : tu accuses la justice
des dieux ! Sais-tu seulement si tous les Glaucons qui
souffrent sur la terre, pour la rédemption des péchés des
hommes, ne seront pas magnifiquement récompensés dans
la Cité de Lumière ?

KALLIKLÈS

Je sais qu'ils souffrent et que leur souffrance est imméritée, et, encore, qu'ils souffrent sans avoir consenti à souffrir. Seront-ils récompensés plus tard ? Je l'ignore. Je suis

témoin de la douleur subie, non pas de la récompense ; et
je déclare que cette douleur est infligée contre toute justice.
Même, dans le cas où il me serait donné de connaître le
dédommagement quel qu'il puisse être, qui leur est réservé,
je déclarerais encore qu'il est injuste de faire souffrir un
innocent.

AGLAOPHAMOS

Orgueil, passion détestable ! C'est toi qui es cause que
les hommes se dressent contre la divinité ! Ainsi, tu veux
juger les dieux, Kalliklès, tu désires qu'ils te rendent
compte de leurs actes, qu'ils t'expliquent pour quelles
raisons ils font ce qu'ils font ! Ils commandent et tu dois
obéir. Si leurs actes te semblent injustes, c'est que tu les
apprécies du point de vue de l'homme, et qu'il faudrait,
pour les juger avec exactitude, s'élever au-dessus de
l'homme et devenir un dieu. Tu n'es pas le juge des dieux,
Kalliklès. Fléchis ton orgueil, reconnais que tout ce que
font les dieux et tout ce qu'ils ordonnent de faire est conforme à la vraie justice. Ils sont les dieux, mon ami, résigne-
toi à n'être qu'un homme.

KALLIKLÈS

Il faut bien que je me résigne. Abandonnons, si tu le
veux, mon cher Aglaophamos, cette question troublante et
qui m'attriste. Platon l'examinera plus tard, s'il le juge à
propos, et dis-nous ce qu'est la Loi. Depuis longtemps tu
parles de la Loi comme si nous la connaissions.

AGLAOPHAMOS

C'est qu'en effet, tu la connais, mon ami.

KALLIKLÈS

Comment la connaîtrais-je ?

AGLAOPHAMOS

Es-tu un homme, Kalliklès ?

KALLIKLÈS

Je suis même un homme très vieux.

AGLAOPHAMOS

Eh bien, dépouille le vieil homme, et redescends en toi-même jusqu'au moment où tu retrouveras le Kalliklès d'autrefois. Une époque a été où ton cœur ingénu entendait les commandements du Divin. Tu n'avais pas encore appris à tricher avec tes pensées et tes sentiments ; tu vivais plus près des dieux. Rappelle, Kalliklès, l'adolescent que tu as été, et demande-lui ce qu'est la Loi.

KALLIKLÈS

C'est trop exiger de mes forces, mon ami. Pourquoi ne les dirais-tu pas, les maximes de la Loi ? Il serait plus facile à ma mémoire de les reconnaître que de les ressusciter.

AGLAOPHAMOS

Voici les plus importants des commandements de la Loi divine :

Aime au-dessus de tout le Dieu créateur de toutes choses, créateur des dieux immortels, des héros, des démons et des hommes : il est la cause première et souveraine !

Honore ensuite les dieux immortels comme ils ont été établis et ordonnés.

Honore les héros pleins de bonté et de lumière, respecte les démons terrestres en leur rendant le culte qui leur est dû.

Honore ton père et ta mère, tes plus proches parents.

De tous les autres hommes, fais ton ami du meilleur et du plus vertueux.

Accoutume-toi à surmonter tes passions : la gourmandise, la paresse, la luxure, la colère ; vis sobrement et sans luxe.

Ne commets aucune action honteuse, ni avec les autres, ni en ton particulier, et, surtout, respecte-toi toi-même.

Observe la justice dans tes actions et dans tes paroles et ne t'accoutume point à te comporter, en quoi que ce soit, sans raison.

Observe bien, en toute occasion, ce que je vais te dire :

Que personne, ni par les actions, ni par les paroles, ne te séduise jamais, et ne te fasse faire ou dire ce qui n'est pas le meilleur.

Ne laisse jamais fermer tes paupières au sommeil, après ton coucher, que tu n'aies examiné, par ta raison, toutes les actions de la journée. Si dans cet examen tu trouves que tu as commis quelques fautes, gronde-t-en sévèrement toi-même, et, si tu as bien fait, réjouis-t-en.

Pratique bien toutes ces choses, médite-les bien, il faut que tu les aimes de tout ton cœur : ce sont elles qui te mettront dans la voie de la vertu divine.

Sache que les hommes s'attirent volontairement leurs maux. Misérables qu'ils sont, ils ne voient pas les biens qui sont près d'eux.

Semblables à des cylindres, ils roulent çà et là, accablés de maux sans nombre.

Mais, prends courage, la race des hommes est divine.

Que ton entendement donne à tenir de haut les rênes à la Gnômé, et, après avoir dépouillé ton corps, tu t'élèveras dans l'éther subtil, et tu vivras de la vie divine, de la vie incorruptible, de la vie que la mort ne dominera plus !

Tels sont, Kalliklès, les commandements de la divinité. Oserais-tu dire que tu les as de tout temps ignorés ?

KALLIKLÈS

Je les connaissais, Aglaophamos, pour la plupart, ces

vers d'or de ton maître. Ils sont beaux. Je n'oserais pas assurer qu'ils sont de tout point d'accord avec la doctrine que tu enseignes.

AGLAOPHAMOS

Comment ne seraient-ils pas d'accord avec elle ? Les vers d'or que je viens de dire résument la doctrine que j'en seigne, la doctrine du vrai Dieu.

———

EUDOXOS

O Platon ! tu es le chorège, toi seul peux me délier de cette promesse que j'ai faite de ne pas intervenir dans le débat. Si mon visage a trahi parfois les sentiments et les pensées qui s'agitaient dans mon cœur, du moins, je n'ai pas une seule fois interrompu ton hôte. Je me suis même interdit de rire quand Aristodémos s'est enfui. Maintenant, Aglaophamos a achevé l'exposition de sa doctrine et je te demande, Platon, de m'autoriser à répondre.

Mon intention n'est pas de reprendre, un à un, ses arguments. Ce qu'il dit est si éloigné de ce que je pense, qu'une discussion de ses thèses, dans le détail, me semble inutile. Je ne veux que le prier, s'il y consent, de me donner quelques explications complémentaires et des éclaircissements, afin que je puisse mieux juger des conséquences de cette théologie qu'il enseigne, et qui, si j'ai su l'entendre, me paraît devoir apporter aux hommes, non pas la délivrance et la joie, mais le plus terrible et le plus douloureux des esclavages.

PLATON

Sois délié de ta promesse, mon jeune ami, et rentre dans l'arène ; mais n'oublie pas, je te prie, qu'Aglaophamos est mon hôte !

EUDOXOS

Je ne l'oublierai pas, Platon.

AGLAOPHAMOS

Je ne redoute pas la critique : la vérité ne craint pas l'erreur.

EUDOXOS

Ce culte du dieu, ô étranger ! que tu voudrais nous imposer, est-il nouveau ? je l'ignore. Ancien ou nouveau, il me paraît aussi peu raisonnable que tous ceux que je connaissais déjà. Tu prétends que c'est un dieu qui parle par ta bouche, et cela te dispense de démontrer tes affirmations et te permet, en outre, d'interdire aux autres d'examiner tes thèses. Qui n'est pas de ton avis blasphème ; tu menaces de je ne sais quelles peines ceux qui pensent autrement que tu ne penses. Ceux-là sont nombreux pourtant, à Athènes et ailleurs, qui professent des opinions différentes des tiennes.

AGLAOPHAMOS

Je le reconnais, mon ami ; comment ne pas l'avouer ?

EUDOXOS

N'as-tu pas dit encore que tous ceux que tu ne pouvais persuader ou convaincre étaient des méchants qui méritaient la mort ?

AGLAOPHAMOS

Je l'ai dit.

EUDOXOS

Ainsi tu ne peux supporter, hôte de Platon, qu'un homme soutienne une doctrine autre que celle qui te paraît vraie ?

AGLAOPHAMOS

C'est que mes paroles ne sont pas d'un homme, mon ami, mais d'un Dieu.

EUDOXOS

Eh bien ! imagine, Aglaophamos, que tu exposes dans une assemblée, à Athènes, ou dans quelque autre cité libre, les dogmes nouveaux. Et suppose encore que la liberté y est si grande que toutes les opinions peuvent être discutées et se produire au grand jour, à cette condition toutefois que celui qui les énonce n'entend porter aucune atteinte aux lois établies. Que diraient de ta doctrine ces hommes qui t'écouteraient quand ils remarqueraient que tu te proposes de contraindre par la force ceux-là que tes arguments n'auraient pas persuadés ? Tu n'as aucun respect pour leurs croyances ; comment pourras-tu exiger d'eux qu'ils respectent les tiennes ?

AGLAOPHAMOS

Il m'avait paru, mon ami, que tu n'avais pas toi-même un grand respect pour la théologie.

EUDOXOS

Je veux, moi, démontrer aux hommes qu'ils vivent dans l'erreur ; c'est la Science qui les délivrera. Tu te contentes, toi, d'affirmer une prétendue vérité au nom d'un dieu dont je nie l'existence, et à bon droit, puisque tu es obligé toi-même de le nommer le dieu inconnu.

AGLAOPHAMOS

La Science ! ta science ! J'ai dit ce qu'il en fallait penser, et que son objet était vain et son idée menteuse. Tu ne démontres rien, tu ne peux rien démontrer ; tes vérités ne sont que les croyances d'un homme. A de telles croyances je ne dois aucun respect, moi qui parle au nom du Dieu. Je ne dois aucun respect à l'erreur, d'où qu'elle vienne. Si les Athéniens tolèrent toutes les opinions, c'est une preuve que ce ne sont que des opinions. Qui possède la vérité a le droit

d'exiger que tous les hommes s'y soumettent, et je répon
drais à ceux qui, m'écoutant avec curiosité, s'étonneraient
de voir que je n'ai pas, pour les erreurs qu'ils énoncent, la
tolérance qu'ils ont montrée pour les vérités que j'apportais : Cessez de vous étonner, hommes d'Athènes ; au nom
de vos principes, je réclame de vous la tolérance et le respect pour la vérité que je vous apporte ; au nom de mes
principes, je ne puis ni respecter ni tolérer vos erreurs.

KALLIKLÈS

Belle réponse, divin Aglaophamos, et courageuse et
hardie ! Il se pourrait cependant, qu'après l'avoir entendue,
tes auditeurs te regardassent de travers, comme font les
écoliers au maître qui veut les corriger. As-tu oublié que
notre Sokratès a bu la ciguë pour avoir répondu à ses juges
qui lui demandaient de désigner la peine qu'il avait en-
courue : « Je mérite, Athéniens, d'être nourri, dans le Pry-
tanée, aux frais de l'État » ?

AGLAOPHAMOS

Sokratès, mon ami, n'est pas le premier de ceux qui ont
souffert et qui sont morts pour la vérité ; il ne sera pas le
dernier.

PLATON

Si, pourtant, tu n'étais qu'un homme, mon cher hôte, ce
serait à bon droit qu'on te répondrait, ce me semble : la
tolérance n'est pas due aux intolérants.

AGLAOPHAMOS

Mais je suis plus qu'un homme, Platon.

PLATON

Je n'en doute pas, mon très cher, mais d'autres pourraient
en douter.

EUDOXOS

Et aussitôt s'ouvrirait pour toi, et pour tes partisans, l'ère des persécutions. Des hommes se dresseraient, menaçants, l'injure à la bouche ; et te diraient : sois contraint, toi qui veux contraindre ; meurs, toi qui veux tuer. Et ce serait justice !

AGLAOPHAMOS

Souffrir pour la vérité est une gloire, mourir pour elle est une joie : la souffrance et la mort seront les bienvenues ; la première purifie, la seconde délivre. Nous ne craignons pas de mourir pour les dieux, nous qui les aimons. Il se peut, Eudoxos, que le triomphe de la vérité ne soit pas aussi près que je me plais à l'espérer ; la justice, qui est, pour la vérité, un droit de s'imposer à tous et de punir qui lui résiste, excite l'étonnement, quand elle se présente sans être accompagnée de la force. Il n'en est pas de même, dès que le prêtre s'appuie sur une autorité constituée extérieurement. Il faut que cette autorité s'établisse. Depuis si longtemps les hommes vivent dans l'erreur que peut-être enfin l'espérance m'est permise. Si les Immortels en décident autrement, nous attendrons encore. Il leur appartient de marquer le jour et l'heure du triomphe ; nous ne pouvons, nous, que proclamer la vérité et vivre pour elle, et, s'il le faut, mourir. Eudoxos, je suis le semeur qui sème à pleines mains ; d'autres, qui sèmeront aussi, viendront après moi, et d'autres encore. Le bon grain finira par lever ; la sève généreuse montera le long des tiges et viendra s'épanouir dans les épis gonflés. L'important est de ne pas perdre courage ; il importe peu que celui qui a semé soit celui qui récolte.

EUDOXOS

Es-tu donc si assuré de vaincre, ô étranger ! sinon toi, du moins quelqu'un de plus heureux, de ceux qui viendront après ?

AGLAOPHAMOS

Comment en pourrais-je douter, si c'est au nom des dieux que je combats ! Certes, la lutte sera acharnée. Le monde est grand et les méchants nombreux, et les ignorants innombrables. Il faudra dompter les uns et délivrer les autres de l'erreur, leur apprendre à regarder en face la vérité. Si nous ne sommes que quelques-uns pour accomplir la tâche immense, nous sommes vaillants et sages et nous vaincrons. Quels obstacles, venant des hommes, seraient capables de résister aux efforts incessants de la volonté souveraine, que le Dieu des dieux a placée dans l'âme de ceux auxquels il a confié cette mission de préparer son règne sur la terre !

KALLIKLÈS

Mais ne se peut-il aussi, mon cher Aglaophamos, que des hommes honnêtes et de bonne foi rejettent ces vérités que tu enseignes, et s'appliquent à te persuader que tu vis dans l'erreur ? Quelle résistance opposeras-tu à ces hommes, s'ils sont les plus nombreux et les plus forts ?

AGLAOPHAMOS

Aucune. Celui-là est méchant que la vérité ne persuade pas, mais le Dieu a dit : « Si tu es faible, ne résiste pas au méchant. »

EUDOXOS

Le dieu est plein de prudence, ô étranger !

AGLAOPHAMOS

Le Dieu est toute prudence et toute sagesse, Eudoxos. Il sait que la douceur, mieux que la violence, conquiert les hommes à la vérité. C'est pourquoi je dis à mes prêtres, au nom du Dieu d'amour, créateur de tout ce qui est et de tout ce qui sera : allez et souriez, soyez bons ; aimez les hommes d'un amour véritable et les hommes viendront à vous. Soyez courageux, ne soyez pas téméraires. Une violence inutile et prématurée vous éloignerait du but, qui est le règne de Dieu. Si la force brutale s'oppose à vos efforts, ne résistez-pas, courbez la tête sous l'oppression, soyez humbles, dissimulez-vous aux yeux des méchants ; mais travaillez sans cesse, travaillez dans l'ombre à préparer le bonheur du genre humain. D'une âme joyeuse, sachez, quand elle viendra, supporter la persécution, mais ne courez pas au-devant d'elle. Cette joie de mourir que je lis dans vos yeux pourrait compromettre le succès de la plus sainte des entreprises.

Soyez sages, soyez habiles, n'avancez que pas à pas. Cherchez parmi les hommes ceux qui sont déjà préparés à vous entendre. Vous trouverez partout des êtres qui ont souffert, des vaincus de la vie qui aspirent à être consolés et relevés. Ils vous accepteront en libérateurs parce qu'ils cherchent un guide. Peu à peu le noyau des adeptes ira grossissant, et, le jour où vous serez les plus forts, vous parlerez en maîtres, vous commanderez aux hommes.

EUDOXOS

Commander aux hommes, devenir le maître de la terre, conquérir le monde ! C'est là ce que tu veux, ô étranger ! Es-tu bien assuré, du moins, que ce soit un dieu qui t'ait désigné pour accomplir de telles choses ? Se peut-il que jamais le moindre doute ne s'élève dans ton esprit ?

AGLAOPHAMOS

Je suis assuré de l'existence du Dieu et tu devrais toi-même en être plus assuré que de ta propre existence. Il est la cause universelle et tu n'es qu'un effet de cette cause, et tu n'existes que grâce à sa bonté.

EUDOXOS

Je me demande en t'écoutant, ô étranger ! si tu n'es pas

un fou lucide, un de ces fous qui raisonnent leur folie. J'en ai connu quelques-uns ; ce sont les plus dangereux ; leur folie est contagieuse.

AGLAOPHAMOS

D'autres, avant toi, ont dit que j'étais fou, mon cher ami, et je le suis assurément, si tu es raisonnable.

EUDOXOS

Ne te mets pas en colère, Aglaophamos, et permets que je m'applique à comprendre pour quelle raison tu aspires à commander aux hommes au nom d'un dieu que tu avoues ne pas connaître.

AGLAOPHAMOS

Jamais je ne suis en colère, Eudoxos. Commander aux hommes n'est pas un honneur ou un avantage que je recherche pour moi ; l'avantage est pour eux, et c'est l'unique moyen de leur donner le bonheur.

EUDOXOS

Le bonheur ! Pourtant, si tu te trompais, si le bonheur ne consistait pas pour les hommes à aliéner entre tes mains leur volonté ? Suppose que ce dieu que tu ne connais pas apparaisse à tes yeux et te dise : homme, tu t'es trompé, tu apportes aux hommes non pas le bonheur, mais l'esclavage.

Que répondrais-tu au dieu, Aglaophamos ?

AGLAOPHAMOS

Il ne se peut pas, mon ami, que le Dieu inconnu cesse d'être inconnu. Si, par impossible, mon âme devenait un jour le jouet d'une illusion, je dirais au fantôme : va-t-en ! tu n'es pas le Dieu puisque tu m'apparais.

KALLIKLÈS

Tu lui démontrerais que, puisqu'il apparaît, c'est qu'il

n'existe pas. Je reconnais l'argument qui m'a étonné tantôt, et je ne l'oublierai pas, Aglaophamos, lors même que je vivrais dix ans encore.

PLATON

Mais, pour quelle raison, mon cher hôte, le dieu cesserait-il d'être un dieu s'il t'apparaissait? J'imagine qu'il voudrait te faire cette grâce de prendre une forme sensible, afin de se montrer à toi qui es son messager fidèle. Tu le reconnaîtrais à la majesté redoutable qui émanerait de sa personne ; et d'ailleurs, comment, s'il voulait te convaincre que c'est bien Lui, la Cause suprême, qui t'apparaît, te serait-il possible de n'être pas convaincu?

Oserais-tu douter de son apparition s'il te voulait persuader qu'il apparaît ?

AGLAOPHAMOS

Je dis qu'il est impossible que le Dieu inconnu puisse être connu. Une apparition ne peut pas être l'apparition de quelque chose qui, selon la raison que noûs avons de son existence, est ce qui ne peut pas apparaître.

PLATON

Cela ne te semblerait plus impossible, mon cher hôte, s'il plaisait au dieu de t'apparaître. Cela n'est pas impossible, qui est.

AGLAOPHAMOS

Mais, ami très cher, réfléchis, je te prie, que *ce qui serait*, en ce cas, ne pourrait jamais être que la persuasion que le Dieu me donnerait que c'est bien Lui qui se fait connaître à moi par le moyen de cette apparition. Or, c'est lui précisément qui me donne mes pensées et la connaissance que j'ai de lui, et non pas une autre qui serait fausse.

PLATON

Aucun acte n'est impossible, Aglaophamos, pour celui que

tu dis être l'auteur de tout ce qui est, et par conséquent de tes
pensées. Il peut donc, s'il le veut, t'en donner de différentes
de celles qu'il te donne maintenant, dis-tu. Suppose donc…

AGLAOPHAMOS

Mais, Platon, ce n'est donc qu'une supposition?

PLATON

C'en est une que rien ne m'empêche de faire. Je suppose
qu'après t'avoir persuadé de la véracité de sa révélation, le
dieu te fasse entendre ces paroles :

« Je suis la pure Lumière, la Puissance, l'Amour. Je suis
l'être qui crée et je viens à toi afin de te révéler l'ultime
vérité. Écoute, mon fils; applique ton esprit à comprendre
la pensée du Dieu.

« Toutes leurs souffrances viennent aux hommes de ce
qu'ils sont libres de penser une chose ou une autre, de vouloir une chose ou une autre. C'est parce qu'ils sont libres
que la révolte naît dans leur cœur, et encore que naît ce
désir et cette volonté de réduire à l'état d'esclaves les autres
hommes. Avec la liberté, la discorde règne dans les sociétés,
et la discorde est un mal que tu as su reconnaître et que tu
as décidé de guérir.

« Si c'est parce qu'ils sont libres que les hommes souffrent, t'es-tu dit, ô mon fils! en enchaînant cette liberté, je
supprimerai la souffrance. J'enseignerai aux hommes à
n'avoir plus de volonté propre; je leur enseignerai ce qu'il
faut faire et ce qu'il faut éviter. Les hommes obéiront, au
nom du Dieu, et ceux-là obéiront par force que ni mes conseils ni mes prières n'auront persuadés. Plus tard, joyeux
d'obéir et reconnaissants, ils m'appelleront l'ouvrier de la
vie heureuse.

« Tu aimes les hommes, tu veux leur bonheur; pourtant
tu t'es trompé sur la nature du bonheur. Il ne faut pas

enchaîner la liberté : il n'est au pouvoir de personne, pas même au pouvoir du Dieu, de reprendre ce don qu'un Dieu ne pouvait pas ne pas donner.

« Ne détourne pas la tête, je lis dans tes yeux une question que tu voudrais, que tu n'oses pas me poser : O Dieu! la liberté a été, pour les hommes, un don funeste.

« Écoute avec attention et entends la parole : elle te révélera le mystère de la liberté, le grand mystère de la vie :

« La liberté, mon fils, n'est pas un mal; elle est, pour l'homme, le premier des biens, celui sans lequel il ne serait pas l'homme. Prends garde à ce que je vais dire, aucune chose n'a plus d'importance. Dès qu'il a atteint cet âge où la raison s'éveille en lui, l'homme sait la loi divine qui est la justice. Il sait la Loi, et qu'il faut obéir à la Loi, mais il croit aussi qu'il est libre, et qu'il dépend de lui de ne pas obéir. S'il suivait, toujours, sans aucune défaillance, les prescriptions de la Loi, il croirait encore être libre, puisqu'il ne peut pas ne pas croire à sa liberté, mais sa liberté, ne s'exerçant plus que pour obéir à la Loi, n'aurait plus l'expérience d'elle-même : elle ignorerait l'étendue de sa puissance. Comprends donc ceci, que l'homme ne peut avoir l'expérience de sa liberté qu'en désobéissant à la Loi.

« Et l'homme a désobéi; il est tombé dans l'injustice!

« Pèse exactement le sens de ces mots : l'homme croit qu'il est libre, mais c'est seulement après avoir failli qu'il prend une connaissance entière de sa liberté.

« Pourquoi, de tous les dons que l'homme a reçus du Créateur, la liberté est-il le plus précieux? Je t'en donne la raison, qui est subtile : c'est seulement après avoir désobéi que l'homme a compris et qu'il pouvait ne pas obéir et qu'il devait obéir. Et cela, mon fils, parce que la justice ne serait pas ce qu'elle est pour l'homme, s'il n'était pas possible à l'homme de lui désobéir.

« Écoute : après avoir péché, — c'est une loi décidée par

ma sagesse et qui est est conforme à la justice, — l'homme
supportera les conséquences de l'injustice. Il souffrira parce
qu'il a fait souffrir. A l'injustice répond l'injustice; la souffrance retourne de celui qui souffre à celui qui fait souffrir.
De tout homme, on peut dire qu'il est, tour à tour, celui qui
fait souffrir et celui qui souffre!

« C'est parce qu'il est injuste que l'homme souffre justement. Mais, c'est après avoir souffert, après avoir subi
l'injustice, qu'il comprend que l'injustice est haïssable et
qu'elle doit être punie. Alors seulement, la justice se fait
sentir à lui dans sa force; il reconnaît, dans la justice, ma
fille, et s'aperçoit qu'elle est belle, et qu'il faut l'aimer. Tous
les hommes aiment la justice, parce que tous les hommes
ont jadis obéi à ses commandements; et tous les hommes,
parce qu'ils l'aiment, la désirent et voudraient la conquérir.

« Mais, de toutes les conquêtes, celle-là, mon fils, est la
plus difficile!

« Les hommes se sont créé, quand le mal s'est enraciné
dans leur cœur par l'habitude des injustices multipliées,
un ordre social régi par des coutumes injustes : ils se sont
éloignés de la Loi. A la place de la paix et de l'harmonie
que j'avais primitivement instituées, le désordre et la guerre
règnent maintenant dans les sociétés. Certes ils voudraient
lutter, réagir contre le mal dont ils sont les auteurs; ils
voudraient, car ils aiment la justice, mais ils constatent
leur impuissance. Alors, découragés, ils s'arrêtent, et, se
tournant vers la justice :

« O déesse! disent-ils, tu es belle et nous t'aimons, mais
tu es trop loin de nous; nous ne pouvons aller à toi!

« Mon fils, je veux sauver les hommes et je suis venu. Je
sais ta volonté bonne et ton amour pour tes frères qui sont
malheureux et qui souffrent. Tu es celui que j'ai choisi et
qui leur apporteras, au nom du Dieu, la délivrance du mal.

Sois leur conseiller et leur éducateur, explique-leur qu'il dépend de leur libre énergie de changer ces souffrances qu'ils ont créées en un bien, le plus grand de tous les biens ; il dépend d'eux, s'ils le veulent, de conquérir la justice qu'ils ne pouvaient aimer véritablement qu'après s'être éloignés d'elle.

« Va ! révèle aux hommes le mystère de la liberté ; dirige ceux qui marchent, relève ceux qui tombent, sois l'ami véritable. Un ami conseille et persuade, mais ne contraint jamais. Souviens-toi que la justice ne serait pas la loi sainte mais bien la dure nécessité, si on ne pouvait lui désobéir. Elle ne veut pas que l'on exécute par force ses commandements ; elle demande que l'on obéisse à ses ordres parce qu'elle est belle et pure, par amour ; elle est la Loi souverainement aimable. Tu n'as pas le droit, mon fils, d'imposer ma loi aux hommes tyranniquement, même en vue de les rendre heureux. Un être libre ne veut pas être contraint, il ne dépend que de sa libre volonté. »

Le Dieu dirait, je le suppose, mon cher hôte, ces choses que j'ai dites, et d'autres plus profondes et plus belles, tout à fait dignes de la majesté du Dieu. Quelle serait ta réponse, Aglaophamos ?

EUDOXOS

O étranger ! que répondrais-tu au dieu ?

KALLIKLÈS

Tranquillise ton esprit, mon cher Eudoxos, je serais étonné si notre ami te laissait attendre sa réponse.

AGLAOPHAMOS

Eudoxos, que t'importe ma réponse ? N'as-tu pas affirmé que les dieux n'existaient pas ?

EUDOXOS

Mais tu affirmes, toi, qu'ils existent. Ma curiosité serait

satisfaite, ô étranger ! si tu disais quel serait ton sentiment à leur égard, le jour où tu apprendrais que tu as, jusqu'à présent, agi contrairement à leurs ordres.

AGLAOPHAMOS

C'est à toi que je répondrai, Platon, et non pas au Dieu, qui n'apparaîtra jamais aux yeux de son serviteur fidèle. Pourquoi supposer une chose qui ne peut pas être supposée ? Ton hypothèse contredit, d'une part, la définition que j'ai donnée de la nature du Dieu, et tu ne peux attendre de moi, tant que le Dieu ne me sera pas apparu, que je t'accorde qu'il puisse m'apparaître. Le Dieu est inconnu et restera inconnu. Et, d'une autre part, prends garde, je te prie, à la force de cet argument : comment se pourrait-il que le Dieu me donnât aujourd'hui des ordres différents de ceux qu'il m'a donnés autrefois ? Admets-tu que le Dieu pourrait consentir à défaire son propre ouvrage, à me dire que cette loi, que j'ai enseignée par son ordre, n'est pas la loi véritable ? Que devrais-je penser d'un Dieu qui se contredirait ainsi ? Faudrait-il que j'allasse trouver ces hommes, tous ces hommes qui ont eu confiance en ma parole, qui ont, entre mes mains, abdiqué leur liberté et qui ont trouvé, dans l'obéissance à la Loi, l'apaisement et le bonheur, et que je leur disse : « Hommes, je vous ai trompés ! Le Dieu m'ordonne de vous annoncer que vous êtes libres, que je n'ai aucun droit de vous contraindre à l'aimer et à le servir » ? Que penseraient de moi ces hommes, Platon ? Comme Eudoxos, tout à l'heure, mais plus justement, ils affirmeraient que je suis fou. Je ne pourrais plus leur venir en aide, ils ne voudraient de moi, ni pour conseiller, ni pour ami.

EUDOXOS

Ils ne t'obéiraient plus, ô étranger !

AGLAOPHAMOS

Ils obéiront. Le Dieu restera toujours d'accord avec lui-même ; sa sagesse est immuable et éternelle ; l'homme ne sera sauvé qu'en obéissant à la Loi.

PLATON

J'expliquerai plus clairement, si tu le permets, mon cher hôte, à quelle fin tend le Discours. A cette époque lointaine où tu vivais sans connaître la vérité, tu te préoccupais déjà d'assurer le bonheur des hommes, et tu n'hésitais pas à mentir afin de les rendre heureux. Tu as sans doute expié tes erreurs, tu as conquis la sagesse ; toutefois, cette supposition reste possible pour moi qui ne suis qu'un homme et qui me trompe souvent : celui qui s'est trompé une fois peut se tromper encore. Je me demande ce que tu ferais, si tu venais à reconnaître que tu t'es une seconde fois trompé. Il faudrait bien, si la vérité était autre que tu ne la vois, que tu allasses trouver ces hommes qui, confiants dans tes paroles, vivent apaisés et heureux, prenant, pour des vérités, des maximes qui ne seraient plus, pour toi, que des mensonges, et que tu leur disses que tu les as trompés. La question est grave ; il ne s'agit plus de toi, ni de ton bonheur, mais du bonheur des hommes. Il faudrait, brusquement, les réveiller, alors qu'ils rêvent le plus beau des rêves, et détruire en leur cœur cette croyance qu'ils ont de vivre sous le regard du Dieu ; il faudrait leur faire toucher du doigt une réalité qui te semble affreuse : la liberté du bien et du mal. Ces hommes se révolteraient à coup sûr contre ton autorité, ils t'injurieraient, te frapperaient peut-être : Homme, diraient-ils, pourquoi ne nous laissais-tu pas à nos chères, à nos consolantes erreurs ? Après nous avoir trompés, tu nous détrompes : tu mérites la mort.

AGLAOPHAMOS

Platon, il ne se peut pas que je vive dans l'erreur.

PLATON

Autrefois, avant d'avoir reconnu l'erreur où tu vivais, très probablement tu aurais dit la même chose.

AGLAOPHAMOS

A cette époque, Platon, je n'étais pas celui qui conduit les hommes.

EUDOXOS

Celui qui conduit les hommes! Est-ce parce que tu les aimes que tu veux être celui qui leur commande, ô étranger! je l'ignore ; mais, ce que je sais, c'est que ton désir et ta volonté sont de parler en maître, de donner des ordres qui seront obéis, de réduire les hommes, tous les hommes, à l'état d'esclavage. C'est là ce que tu appelles te dévouer à leur bonheur! Je disais de toi, tout à l'heure, qu'il se pourrait que tu fusses un de ces fous qui raisonnent leur folie, et dont la folie est contagieuse. Je me trompais. Ton esprit est clairvoyant et lucide, tu sais ce que tu veux. Jamais peut-être un ambitieux ne s'est rencontré sur la terre qui te puisse être comparé : tu aspires à la tyrannie universelle des esprits, comme d'autres à la tyrannie matérielle de leurs petites cités. Je sais bien que ce n'est là qu'une monstrueuse chimère, mais si je ne consultais que cette flamme qui luit au fond de tes yeux sombres, j'aurais peur pour les hommes libres. Je suis sûr que tu es décidé à renverser, par n'importe quel moyen, tous les obstacles qui t'empêcheraient d'atteindre le but. Et si, par impossible, la supposition qu'a faite Platon devenait une réalité, si le dieu dont tu parles apparaissait dans une cité dont tu aurais réussi à te rendre maître, et à laquelle, en son nom, tu aurais fait la loi, et s'il donnait, en personne, un démenti à tes dires et à tes commandements, tu déclarerais qu'il n'est qu'un imposteur et tu ordonnerais à ceux qui t'obéissent de le conduire en prison. C'est ta méthode, celle que tu menaçais de m'appliquer quand je t'annonçais le règne futur de la Science.

Vieillard, j'ai peur de toi. *Tu es le jongleur à la parole solennelle, occupé à attraper les hommes !*

PLATON

Eudoxos, tu viens d'insulter un vieillard qui est mon hôte.

KALLIKLÈS

Et c'est moi, Platon, qui ai conduit ce jeune homme au jardin d'Akadémos.

EUDOXOS

Je n'ai pas su, je n'ai pas pu contenir plus longtemps ma colère ; je le regrette, Platon. J'aurais préféré ne pas te laisser de moi cette impression que je n'ai aucun respect pour la vieillesse.

AGLAOPHAMOS

O Dieu, tu n'abandonneras pas ton serviteur fidèle ! Je suis vieux, Eudoxos, j'ai souffert des hommes les insultes, les injures et les coups. Je te pardonne !

EUDOXOS

Vieillard, je n'ai que faire de ton pardon. Nous ne suivons pas tous deux la même route, et je n'attendrai pas, pour m'en aller, la fin de ton discours. Je te salue, Platon, et toi aussi, Kalliklès, je te salue.

KALLIKLÈS

Va ! mon ami, retourne à Knide, mais écoute, avant de partir, cette prophétie que je fais à ton sujet, moi qui ne suis pas prophète : tu seras, peut-être, Eudoxos, un grand

astronome, mais jamais tu ne deviendras un fils d'Athéna
la bonne déesse...

Quoi! tu pars sans m'écouter, tu ne fais pas d'excuses à
Aglaophamos que tu as offensé! O Platon, aujourd'hui les
jeunes gens ont oublié tout respect et tout savoir-vivre. Il
n'en était pas tout à fait ainsi du temps où nous étions
jeunes. Qu'Athéna me soit secourable! Je crois que les
hommes deviennent de plus en plus méchants. Voilà que le
géomètre est parti sans aucun souci de Kalliklès; il m'avait
pourtant promis le secours de son bras pour rentrer à
Athènes. Qu'en dis-tu, Antisthénès, mon vieil ami? Le
départ d'Eudoxos te laisserait-il à ce point indifférent?

ANTISTHÉNÈS

S'il est parti, Kalliklès, c'est qu'il devait partir.

KALLIKLÈS

Quel sage tu es, et que j'envie ta sagesse! Ton âme est à
tel point délivrée de toutes les passions qu'elle ne s'intéresse
plus qu'à elle-même.

PLATON

Mon cher hôte, les insultes que t'a adressées ce jeune
homme sont retombées sur ma tête; je les ai pour toi vive-
ment ressenties.

AGLAOPHAMOS

Qu'importent les injures et les insultes? Elles passent,
ami très cher, et l'enseignement reste. Eudoxos a écouté, a
entendu la vérité. Si le Dieu le permet, elle s'insinuera dans
son âme. Peut-être, un de ces jours, le verrons-nous revenir
repentant et soumis?

KALLIKLÈS

Il ne faudrait pas trop y compter, divin Aglaophamos; les
savants sont entêtés.

Hélios incline de plus en plus sa course du côté du couchant. Les cigales se sont tues; déjà le chœur grotesque d'Aristophanès accorde sa lyre. Entends-tu, Platon, les premiers *brekekekex, koax, koax*, qui s'élèvent des roseaux du Képhysès? C'est un signe que, dans une heure environ, l'astre divin disparaîtra derrière la colline sacrée. C'est plus de temps qu'il n'en faut, heureusement, mon cher Aglaophamos, pour que tu conduises nos esprits dans ces îles Fortunées où tu commandes en maître, où les hommes vivent heureux sous ta domination. Ensuite, Platon, le moment redoutable viendra pour toi, notre chorège, de nous dire quelles conséquences, heureuses ou fâcheuses pour la philosophie que tu aimes, résultent des discussions agitées en cette première journée du *Mystère*. Mais, c'est un vieil ami qui t'en prie, fais en sorte d'être bref. Mes jambes sont pesantes et je voudrais profiter du crépuscule pour retourner à ma maison d'Athènes. Si tu parlais trop longtemps, tu m'obligerais à demander, pour faire le chemin, l'aide des deux plus beaux parmi tes disciples les plus vigoureux.

LES DISCIPLES

Nous t'accompagnerons tous, Kalliklès, jusqu'à la porte de ta maison.

KALLIKLÈS

C'est que vous êtes tous, mes enfants, les plus beaux et les plus vigoureux.

Aglaophamos, nous t'écoutons.

AGLAOPHAMOS

Vous savez l'œuvre de Pythagoras et combien grande fut l'influence du maître sur le peuple de Krotôn. Dès son arri-

vée, les mauvaises coutumes tombèrent en discrédit ; peu à
peu le luxe disparut et les femmes échangèrent leurs riches
vêtements pour des étoffes communes. Il n'y eut pas moins
de deux mille personnes converties à la première prédica-
tion. Bientôt, la foi nouvelle gagna, de proche en proche,
Sybaris, Métapontum, Rhégium, Katana, Himéra, d'autres
villes encore dans la Grande-Grèce et en Sicile. Déjà, cet
espoir grandissait dans l'âme des disciples que le jour était
proche du règne de la vérité sur la terre. Ils supposaient
que, gagnés à la sainte cause par l'éloquence divine de l'ini-
tiateur, tous les hommes obéiraient à la loi comme ils y
obéissaient eux-mêmes. Cette grande espérance devait être
bientôt déçue. Deux hommes, Kylôn et Ninôn, dont le premier avait été rejeté de l'ordre pour son caractère méchant
et vicieux, travaillaient, dans l'ombre, à ruiner à Krotôn
l'église de Pythagoras. Un jour, les trois cents frères furent
attaqués dans la maison où ils se réunissaient, près du
temple d'Apollon. La maison et le temple furent brûlés ; un
grand nombre des nôtres périrent. Seuls, purent s'échapper
les plus jeunes et les plus vigoureux. Pythagoras, absent de
Krotôn au moment de cette agression impie, mourait quelque
mois plus tard en exil, après s'être abstenu, pendant quarante jours, de nourriture.

KALLIKLÈS

Pendant quarante jours !

AGLAOPHAMOS

Pendant quarante jours. Son vieux corps était robuste ; il
l'avait, de bonne heure, habitué au jeûne et aux macéra-
tions. J'étais du nombre de ceux qui purent s'échapper.

KALLIKLÈS

Comment, ami très cher, tu étais à Krotôn ? Je n'ai pas le

droit de suspecter ta parole et tu ne voudrais pas, je suppose, abuser un vieillard. Mais se peut-il que tu aies déjà vécu plus du double des années qu'il est donné à un homme de vivre quand il meurt très vieux ?

AGLAOPHAMOS

Je suis très vieux, Kalliklès, je te l'ai dit. J'ai dit aussi que je n'étais pas un homme ordinaire.

KALLIKLÈS

Il faut bien qu'il en soit ainsi, ô le plus extraordinaire des hommes !

AGLAOPHAMOS

J'étais à Krotôn, Kalliklès, et, au moment de fuir, j'ai pu, avec l'aide des dieux, sauver notre trésor : les livres sacrés où sont commentés les saintes orgies et les mystères d'Orpheus.

Un grand village de pêcheurs, où nous ne comptions que des amis, nous servit d'asile. La confrérie des trois cents était réduite à dix membres. Et cependant, un moment, cet espoir que, grâce à notre énergie, l'église pourrait être reconstituée, s'insinua dans nos cœurs. Vaine espérance ! Quelques mois après, notre refuge était découvert et, de nouveau, il fallait fuir, chercher une autre patrie. Les desseins du Dieu sont impénétrables ; l'heure du triomphe n'était pas encore venue.

Le Dieu n'abandonna pas pourtant ses serviteurs fidèles. Dès la première menace des méchants, pendant les heures du sommeil, son souffle me visita. La Parole parla, la parole du Dieu tout-puissant, créateur de tout ce qui est et de tout ce qui doit être :

« Fais construire trois navires, a dit la Parole, assez grands pour contenir ensemble dix fois dix personnes. Prends, avec

toi, dix-neuf vieillards, les plus réputés pour leur sagesse
et pour leur prudence, vingt hommes valides et autant
de femmes, vingt jeunes hommes et autant de vierges
nubiles. Quand viendra la trentième nuit, emportant avec
vous les livres sacrés et les images des dieux, montez sur
les vaisseaux fragiles et faites voile vers l'Occident. Vous
suivrez les côtes de l'Italie, et les côtes de la Gaule et les
côtes du pays des Ibériens jusqu'au moment où vous arri-
verez à cet endroit où la mer est resserrée entre les terres.
Traversez sans crainte le détroit et confiez-vous à l'immense
Océan. La première terre que vous rencontrerez sera la vôtre.
Quoi qu'il vous puisse arriver, n'oubliez pas que tout ce qui
doit être a été décrété par la sagesse des dieux. »

KALLIKLÈS

L'histoire est merveilleuse, Aglaophamos.

AGLAOPHAMOS

Mon ami, elle est vraie. Les ordres du Dieu furent exécutés.
Au moment où la trentième nuit, fixée par la divine Parole,
envahissait la terre et la mer, les rameurs étaient à leurs
bancs, attendant le signal du départ. Les ancres furent levées.
La mer, mauvaise, semblait vouloir nous rejeter sur la terre
inhospitalière. Qui dira les souffrances que nous avons
supportées ! Dès que la nécessité nous obligeait d'aborder
afin de nous procurer des aliments, presque toujours nous
étions injuriés et menacés, traités en ennemis par les
pêcheurs. Il fallait regagner à la hâte les navires et continuer notre route. Parfois, pendant la nuit sombre,
quelques-uns des plus hardis d'entre les jeunes gens s'élan-
çaient dans la mer pour gagner le rivage, à la recherche
d'un peu d'eau qu'on pût boire. Ils ne revenaient pas toujours. Lassés de souffrir près de nous, ont-ils voulu tenter

une autre existence, ou bien ont-ils été massacrés par les ennemis des dieux? Jamais nous ne le saurons.

La treizième nuit, une vierge, la plus belle des jeunes filles qui avaient pris place dans le premier des trois navires, mourait. Elle n'avait pu, plus longtemps, lutter contre la faim et la soif. Son corps fut jeté à la mer et, malgré tous nos efforts, malgré nos prières, son fiancé ne voulut pas être séparé de celle qu'il aimait. Pourtant, des signes qui ne trompent pas nous informaient que le Dieu n'abandonnait pas ses fidèles. Chaque nuit, une lumière argentée et très pure sillonnait la grande mer et traçait, devant les navires, la route qu'ils devaient suivre. C'est cette lumière qui nous a conduits, après de terribles labeurs que je ne veux pas dire, jusqu'à ce lieu marqué par la Parole divine où la mer, d'abord resserrée par les terres, communique ensuite avec l'immense Océan.

Comment, avec nos frêles navires, défier les vagues énormes? Beaucoup d'entre nous hésitaient. Des vieillards, réputés pour leur sagesse et leur prudence, proposèrent d'aborder sur la côte africaine et d'y fonder une colonie. C'eût été désobéir à la Parole. Avec l'aide du Dieu, j'ai pu les décider à continuer la route vers le couchant. Dès que nous fûmes en marche, comme s'il avait décidé de permettre aux trois navires d'avancer, l'Océan s'apaisa. Et, dix jours après, au moment où Hélios s'élevait à l'Orient, la terre qui devait être la nôtre nous apparut. Trois îles blanches et vertes surgirent du sein des eaux; elles étaient le terme de la route que les dieux nous avaient marquée.

Ces îles n'étaient pas inhabitées. Des hommes d'une stature plus élevée que la nôtre vivaient, loin du rivage, dans des cavernes creusées au flanc des montagnes. Leur vie était misérable et précaire; ils ne savaient ni cultiver la terre ni bâtir des maisons. Pourtant, ils avaient appris autrefois d'un homme étrange qui était venu leur demander

asile, et qu'ils appelaient le Vieillard, que des dieux existaient, des dieux tout-puissants qu'il fallait craindre, qui
interdisaient aux hommes la méchanceté et l'injustice.

Disposés par cette raison à écouter un enseignement
divin, les habitants de ces îles qui devaient servir de refuge
au culte du vrai Dieu, craintifs tout d'abord et fuyant à
notre approche, ne tardèrent pas à se rassurer. Ils nous
apportèrent, souriants, les fruits délicieux qui étaient leur
nourriture.

Ces hommes, Kalliklès, ont accepté avec joie notre domination. J'ai été leur éducateur : ils savent, maintenant,
quels sont ces dieux qu'ils redoutaient; ils ne les redoutent
plus depuis qu'ils les aiment. Ils m'appellent leur père et
leur bienfaiteur, ils sont de dignes adorateurs du Dieu. Je
leur ai appris la langue que nous parlons, je leur ai enseigné
la loi divine; d'autres de nos frères leur ont montré comment
on ensemence la terre, comment les pierres doivent être
disposées pour construire les demeures des hommes, et
selon quelle harmonie les autels et les temples des dieux
doivent être édifiés. Ces hommes qui m'obéissent, Kalliklès,
sont heureux et connaissent leur bonheur. Ces îles ne peu-
vent-elles être à bon droit appelées les îles Fortunées?

KALLIKLÈS

Sans contredit, ami très cher; je présume que tu leur as
cependant donné un autre nom.

AGLAOPHAMOS

Nous les appelons les îles du Dieu. La plus petite, celle
que nous avons rencontrée la première, est l'île d'Orpheus,
la seconde l'île de Pythagoras, et la troisième l'île d'Aglaophamos. C'est la plus grande et la plus riche; elle renferme
le sanctuaire.

KALLIKLÈS

Que de choses merveilleuses nous apprenons de toi, divin Aglaophamos! N'est-ce pas un prodige que des îles existent encore sur l'immense Océan? J'ai entendu dire par Platon qu'autrefois, aux premiers jours de la terre, des hommes, des géants très beaux, vivaient dans une île qui occupait une vaste étendue de l'Océan. On les appelait les Atlantes et leur pays l'Atlantide. Platon, n'est-ce pas un prêtre égyptien qui t'a conté cette belle fable?

PLATON

Le plus âgé, Kalliklès, des prêtres de Saïs.

KALLIKLÈS

Il disait, ce vieux prêtre, qu'à la suite de tremblements de terre et d'inondations envoyés par les dieux afin de punir les crimes des Atlantes, l'Atlantide avait été détruite. N'aurait-elle pas été détruite tout entière, Aglaophamos?

AGLAOPHAMOS

Les trois îles dont j'ai parlé, Kalliklès, sont tout ce que les dieux ont préservé de la ruine, le jour où ils décidèrent de précipiter dans les abîmes de la mer la terre des Atlantes, qui étaient devenus les plus cruels, les plus injustes, les plus impies des hommes.

KALLIKLÈS

Se pourrait-il, après toutes les merveilles que tu nous as racontées, que cette joie nous fût donnée d'entendre de ta bouche la véritable histoire de l'Atlantide? S'il était en ton pouvoir de nous faire ce plaisir, je proclamerais une fois encore que tu es un être divin, et je t'écouterais, s'il le fallait, une partie de la nuit.

AGLAOPHAMOS

Aucun mortel, Kalliklès, ne connaît l'histoire vraie des Atlantes. Je sais la fable de l'Atlantide et je la dirai, pour peu que cela soit agréable à ceux qui m'écoutent.

KALLIKLÈS

Histoire, fable, c'est tout un, mon ami; une fable qui est belle vaut mieux qu'une histoire qui ne l'est pas.

AGLAOPHAMOS

Les fables cachent souvent, Kalliklès, une part de vérité qu'il faut savoir découvrir.

KALLIKLÈS

Avec l'aide des dieux, Aglaophamos, nous la découvrirons.

AGLAOPHAMOS

Aussitôt après la naissance du monde, les dieux se partagèrent les différentes contrées de la terre et gouvernèrent les pays qu'ils avaient obtenus de la justice et du sort. L'Atlantide échut à Poséidon. Cette île, à elle seule plus grande que l'Europe et l'Afrique, était située au delà des colonnes d'Héraklès, sur l'immense Océan. Le dieu divisa l'île en dix royaumes. Les fils qu'il avait eus d'une mortelle, Klytô, en furent les dix premiers rois. L'aîné fut appelé Atlas. C'est de lui qu'ont tiré leurs noms et l'île entière et la mer Atlantique qui l'environne.

Pendant une longue suite de générations, les fils de Poséidon et les fils de leurs fils demeurèrent dans ce pays:

leur empire s'étendait au loin sur un grand nombre d'îles. Le plus âgé de la race laissait le trône au plus âgé de ses descendants ; pendant des siècles et des siècles le pouvoir se conserva dans leur famille. Ils avaient amassé plus de richesses que n'en possédera jamais aucune dynastie royale. L'île produisait en abondance tout ce qui est nécessaire à la vie : tous les métaux solides et fusibles, l'orichalque lui-même dont nous ne connaissons plus que le nom et qui est le plus précieux des métaux, après l'or. Elle nourrissait, en grand nombre, des animaux domestiques et des bêtes sauvages, beaucoup d'éléphants. Les racines, les herbes, les plantes, les sucs qui découlent des fleurs et des fruits, tous les parfums que la terre, aujourd'hui, porte dans les contrées les plus diverses, cette île les produisait et les entretenait, cette île qui florissait alors quelque part sous le soleil.

A l'aide de toutes ces richesses prodiguées par le sol, les habitants construisirent des temples, des palais, des ports, des bassins pour les navires. Le pourtour de l'île fut revêtu d'un mur d'airain et d'orichalque qui étincelait comme du feu.

Le temple de Poseïdon était situé au centre de l'île. Une muraille d'or entourait le redoutable sanctuaire où s'élevait la statue du dieu. Il était représenté sur son char, guidant ses coursiers ailés, et si grand que sa tête touchait le plafond du temple. Autour de lui, assises sur des dauphins, cent Néréides le contemplaient. Le temple était entouré par les statues, en or, de tous les rois et de toutes les reines, descendants des dix enfants de Poseïdon. Près du temple, s'élevait le palais des rois : il répondait à la grandeur de l'empire et à la richesse du sanctuaire.

Les Atlantes étaient très puissants, très heureux et très beaux. Tant qu'ils conservèrent quelque chose de leur origine divine, leurs âmes ne s'ouvrirent qu'à de nobles sentiments. Ils aimaient la vérité, ils révéraient la justice, ils vivaient heureux.

Quand l'essence divine commença à s'altérer en eux, ils dégénérèrent, incapables de conserver plus longtemps cette vie heureuse dont ils avaient joui pendant de nombreuses générations. Dominés par l'injuste passion d'étendre leur puissance aux dépens les uns des autres, ils crurent être parvenus au comble de la félicité et de la gloire[1].

C'est l'orgueil, hommes d'Athènes, qui perd toujours les hommes. Le jour vint où les premiers des Atlantes, contemplant cette œuvre prodigieuse qu'avec l'aide des dieux ils avaient accomplie, s'enorgueillirent dans leur cœur et se vantèrent d'être les seuls auteurs de toutes ces merveilles. Se dressant en face des immortels, ils se proclamèrent les dieux de la terre. Les autels furent renversés, les sanctuaires détruits, les anciennes coutumes abolies. L'or et les métaux précieux qui n'avaient jusqu'alors servi qu'à élever des statues aux dieux et à Poséidon le père de la race, furent accaparés par les plus habiles et par les plus audacieux. Ils introduisirent à leur profit l'usage de la monnaie pour les échanges. L'or devint alors le signe de la richesse et de la puissance. Pour la première fois dans l'Atlantide, il y eut des riches et des pauvres, des riches pleins de mépris pour les pauvres, des pauvres envieux des riches qui pouvaient assouvir des passions honteuses : l'ambition effrénée et la luxure.

« Les cieux sont vides, s'écriaient-ils. Comment les dieux, s'ils existaient, n'extermineraient-ils pas des hommes qui les insultent? Les Atlantes sont les plus puissants d'entre les hommes : la Science les a délivrés des dieux. Notre intelligence a dompté la nature ; elle nous a livré ses secrets ;

1. D'après Platon, *Critias ou l'Atlantide*, *Passim*.

nous connaissons les effets et les causes, nous pouvons dire comment ce qui est, est, et comment ce qui n'est pas, n'est pas. C'est à la Science que nous devons notre supériorité sur le reste des hommes et le bonheur dont nous jouissons. Nos pères nous ont enseigné que des êtres surnaturels et tout-puissants avaient été leurs conseillers, leurs guides et leurs éducateurs : nos pères ont menti. Plus instruits maintenant, nous savons que l'intelligence des hommes suffit à diriger les forces naturelles, de façon que, soumises et captives, elles servent au bien-être, au plaisir, à la joie. Étant les plus savants nous sommes les plus heureux ; nous sommes les maîtres des airs, de la terre et des mers. Nos chars ailés se meuvent dans l'air subtil aussi facilement que les oiseaux légers. Nous avons obtenu, par l'emploi des métaux, des effets merveilleux, nous avons inventé des moyens terribles de détruire les villes et de ravager les campagnes, et nos grands navires sont les plus rapides ; aucun ennemi, quelle que soit sa puissance, ne peut nous résister. Nous défierions les dieux eux-mêmes, s'il existait des dieux. »

Ainsi parlaient, hommes d'Athènes, les Atlantes superbes. Ils employèrent leur puissance à conquérir d'immenses contrées. Ils soumirent à leur empire toute la côte africaine, depuis les colonnes d'Héraklès jusqu'à l'Égypte. Des peuples entiers furent traités en esclaves, employés à extraire les métaux, à cultiver les champs pour des maîtres étrangers, à faire jouer, nuit et jour, on ne sait plus quelles machines. Condamnés ainsi à la plus terrible, à la plus précaire des existences, ils travaillaient sans repos pour satisfaire au luxe des conquérants qui vivaient dans l'oisiveté et la débauche.

Avec le culte des dieux, la vertu avait disparu de la terre des Atlantes. Ni les serments n'étaient respectés, ni les promesses tenues : chacun s'appliquait à tromper les autres. La Science avait détrôné les dieux. Mais cette science elle-même dont ils étaient si fiers ne tarda pas à les abandonner. Abêtis par l'abus des plaisirs, les Atlantes n'étaient plus en état de chercher et de comprendre la raison des choses ; ils se proclamaient encore très savants quand ils étaient plus semblables à des bêtes sauvages qu'à des hommes. O les plus misérables des êtres, vivant en dehors de l'idée de Dieu, uniquement occupés à imposer le travail et la souffrance aux étrangers, et bientôt à se faire souffrir les uns les autres ; car ils ne tardèrent pas à se diviser en se disputant entre eux leurs conquêtes ! Alors les guerres succédèrent aux guerres, les révoltes aux révoltes. Finalement les esclaves, que les grands avaient initiés aux secrets terribles dont la connaissance permet de détourner les forces de la nature pour la satisfaction des passions humaines, s'insurgèrent contre leurs maîtres et tournèrent contre eux les armes dont ils avaient appris le maniement. Beaucoup d'Atlantes périrent dans ces révoltes et dans ces guerres.

De tels crimes et de tels forfaits finirent par lasser la patience de dieux. Alors, Zeus-Père, qui gouverne selon la justice, à qui rien n'est caché, voyant la dépravation de cette race autrefois si vertueuse, rassembla les dieux dans le sanctuaire du ciel, et, lorsqu'ils furent tous réunis, prit la parole en ces termes :

« O dieux, les Atlantes sont de tous les hommes les plus injustes et les plus impies. Qu'ils soient retranchés de l'existence ! Les autres contrées de la terre comprendront alors et qu'il faut honorer les dieux et qu'il faut vivre selon la justice. » Ainsi parla Zeus-Père, et les dieux approuvèrent ses sages paroles. Poseïdon exécuta la sentence. Obéissant à Poseïdon, la mer immense entr'ouvrit ses abîmes, et la grande île, plus grande que l'Europe et l'Afrique réunies, disparut à jamais. A la place de la plus florissante des terres, on ne rencontre plus aujourd'hui qu'un limon qui arrête les navigateurs et rend la mer impraticable.

C'est ainsi, Kalliklès, que les plus cruels et les plus

impies des hommes furent frappés par l'éternelle justice
des dieux !

KALLIKLÈS

C'est un beau mythe, Aglaophamos.

PLATON

Certes, mon cher hôte, et beau à méditer.

AGLAOPHAMOS

La fantaisie des hommes, d'âge en âge, s'est appliquée à
donner à cette fable un caractère de plus en plus merveilleux, je ne vous ai pas dit toutes les actions prodigieuses
que la science des Atlantes leur permettait d'accomplir.
Dans un mythe la lettre importe peu, c'est l'esprit qu'il faut
dégager.

KALLIKLÈS

Et nous l'avons compris, divin Aglaophamos, et Eudoxos
lui aussi, s'il n'eût pris impétueusement la fuite, aurait pu,
d'après tes paroles, prévoir l'avenir que les dieux réserve-
raient à cette société selon la science, que son génie voudrait instituer. Dis-moi, maintenant : le dieu a-t-il épargné
ces trois îles que vous avez découvertes, afin qu'elles ser-
vissent d'asile à ceux d'entre les hommes qui seraient restés
fidèles à la loi divine? ou bien serait-ce pour une autre raison ?

AGLAOPHAMOS

La sagesse du Dieu est infinie, Kalliklès. Pourquoi hési-
terions-nous à croire que la divine providence a sauvé de la
ruine, en vue d'y recevoir les fidèles disciples de Pythagoras
chassés de leur patrie, les trois îles de l'Océan ? C'est là que
mes prêtres étudient dans le silence et méditent sur les
grands problèmes. C'est de là que je suis parti, c'est de là

que d'autres partiront pour enseigner aux hommes la Parole
et la Vie.

KALLIKLÈS

Ce qui ne laisse pas de m'étonner quelque peu, mon
cher ami, c'est que tu aies pu si facilement ramener à la
vérité des hommes habitués à vivre dans le mensonge, l'injustice et l'erreur.

AGLAOPHAMOS

Que veux-tu dire, Kalliklès ?

KALLIKLÈS

Les hommes qui vivent dans ces îles où les dieux t'ont
conduit ne sont-ils pas les descendants de ces Atlantes que
tu as appelés les plus vicieux et les plus injustes des
hommes ?

AGLAOPHAMOS

Je l'ignore, Kalliklès. Je croirais plutôt que ce sont des
fils de quelques esclaves qui, lassés de souffrir, s'étaient
enfuis et s'étaient réfugiés dans les cavernes des montagnes
les plus élevées. Cela m'expliquerait que les habitants de
nos îles ne soient remarquables ni par l'intelligence ni par
la beauté. D'un caractère doux et craintif, ils sont habitués
à l'obéissance. Jamais ils n'ont songé à se révolter contre la
loi qu'ils savent être la loi juste ; ils aiment les prêtres qui
les gouvernent et se déclarent heureux.

KALLIKLÈS

Et le pouvoir, Aglaophamos, de quelle manière l'exerces-tu
dans les îles ?

AGLAOPHAMOS

Ce sont les prêtres qui commandent, et je commande aux
prêtres. Les bons bergers font les bons troupeaux. Nos sujets
nous aiment parce que nous les aimons. Leurs joies sont

nos joies, leurs douleurs sont nos douleurs; nous les dirigeons avec douceur vers la justice et vers la vérité. Nous ne réclamons d'eux qu'une seule chose, c'est qu'ils obéissent strictement à la loi édictée par les dieux, la loi sainte dont je vous ai donné plus haut les saintes formules. C'est la seule contrainte, elle est nécessaire, mais elle suffit pour faire régner la paix dans les esprits et dans les cœurs.

Dans nos îles, mon cher Kalliklès, on ne trouve ni riches ni pauvres : l'or, l'argent et les pierres précieuses sont également méprisés. Les prêtres imposent à chacun la fonction qu'il doit remplir : les uns étudieront les livres sacrés et seront prêtres un jour, d'autres apprendront à bâtir les demeures des hommes et les temples des dieux, ceux-ci seront agriculteurs, ceux-là conduiront les troupeaux. Chacun travaille selon ses forces, et les fruits de la terre sont mis en commun et distribués, par les prêtres, une fois par semaine, selon les besoins des familles. C'est une vie frugale et saine que nous menons. A des heures fixées, nous célébrons le culte du vrai Dieu, nous honorons les dieux, les héros glorieux et les démons bienfaisants. Je ne sais si tu seras étonné d'apprendre que dans les trois îles le nom d'Aglaophamos est béni.

KALLIKLÈS

Le contraire serait étonnant, quoique ce ne soit pas une chose rare de voir les hommes se révolter contre ceux qui leur veulent du bien.

AGLAOPHAMOS

On ne se révolte pas, mon ami, contre l'autorité d'Aglaophamos.

KALLIKLÈS

Mais si tu venais à mourir?

AGLAOPHAMOS

Si les dieux, Kalliklès, daignent me rappeler dans leur société où j'ai déjà vécu, la loi que j'ai enseignée aux hommes suffira pour les conduire. Les hommes passent, mais non la Loi, qui est éternelle, témoignage de l'éternelle providence des dieux.

KALLIKLÈS

Et si ceux-là se révoltaient qui maintenant commandent à ta place dans les îles? Les prêtres sont des hommes, Aglaophamos: ne se pourrait-il que cette ambition germât dans le cœur de l'un d'entre eux de s'emparer du pouvoir, convaincu, ou feignant de l'être, qu'il est plus que toi digne de la couronne royale?

AGLAOPHAMOS

Ce danger n'est pas à craindre. Les prêtres sont des hommes et les hommes ont des passions; mais j'ai instruit les prêtres, ils sont devenus les organes de la Loi, et jamais cette idée ne se présentera à l'esprit de l'un d'eux de désobéir au Prêtre des prêtres.

Écoute : parmi les enfants dont l'intelligence est la plus curieuse et la plus vive, nous choisissons ceux qui seront les prêtres. C'est une tâche difficile de les former et de les instruire. Il faut d'abord discipliner leur caractère, refréner leurs caprices, éteindre leur énergie native, dompter leur volonté. Ils apprennent à obéir avant d'apprendre à commander. Les sentiments les plus intimes et les plus profonds de leur conscience ne doivent jamais transparaître ni dans leurs paroles ni sur leurs visages. Que votre visage ne se ride jamais, leur disons-nous: que les hommes ne puissent jamais s'apercevoir que vous éprouvez de la joie, ou de la crainte ou de l'inquiétude. Ce ne sont plus des hommes, mais des prêtres, des organes inflexibles de la divinité. Ils sont habiles dans la discussion des doctrines, et pleins de douceur. Les méchants, quelles que soient leur intelligence et leurs ruses, ne réussiront jamais à substituer des erreurs aux vérités que mes prêtres enseignent. Ils sont, Kalliklès, très instruits dans l'appréciation des textes de la Loi, et très adroits pour dérouter et pour confondre les impies.

Ils n'ont d'autres joies sur la terre que de commander aux hommes, au nom du Dieu, et pour le bien des hommes, et ils ne peuvent commander qu'à cette condition qu'ils obéiront eux-mêmes strictement. Ils comprennent cela. Aux hommes ils abandonnent les joies humaines. Ils ne fondent pas de famille ; leur âme est comme un asile inviolable où jamais ne pénétreront les passions impures : la colère, l'envie, la haine, les tentations des amours charnelles, qui de tout temps ont perdu les hommes. Les prêtres, Kalliklès, ne peuvent être que les représentants de la loi divine, et, une fois leur éducation achevée, quand ce moment arrive où leur est conférée la dignité sacrée, tu peux être assuré qu'ils ont été soumis à une discipline telle qu'il leur est impossible de faillir.

Et ce n'est pas tout. Les prêtres dirigent les hommes et les surveillent, mais les prêtres sont surveillés par d'autres prêtres. La dignité du surveillant est supérieure à celle du prêtre. Et les surveillants sont surveillés, à leur tour, par les surveillants des surveillants, qui occupent dans l'État les charges les plus hautes, au-dessus desquelles il n'en est qu'une, celle du Père vêtu de blanc que, seuls, peuvent surveiller les dieux immortels. Il est le Prêtre des prêtres, le souverain des trois îles ; il sera le souverain de l'univers !

KALLIKLÈS

Et tu es le père, Aglaophamos ?

AGLAOPHAMOS

Je suis le Père, celui auquel le Dieu a donné la

mission redoutable de commander aux hommes et aux
prêtres.

KALLIKLÈS

Et pourtant tu as quitté ton peuple pour venir jusqu'à
nous.

AGLAOPHAMOS

Le Dieu m'a ordonné de quitter l'île et d'apporter aux
hommes la vérité. Il m'a dit : va! et je suis parti. J'ai quitté
le palais où je vivais employant mes forces à diriger les
hommes selon les desseins du Dieu, j'ai revêtu le manteau
du plus humble de mes prêtres, j'ai ceint mes reins d'une
corde et je suis parti. Un navire m'a transporté de l'île
sur la côte africaine et j'ai suivi la côte. Ni les injures, ni
les insultes, ni les coups n'ont été épargnés à mon corps ;
mais jamais le Dieu n'a abandonné celui auquel il avait
confié la mission d'instruire les hommes.

J'ai souffert! Quelles joies, pourtant, quelles joies déli-
cieuses, lorsque, sur une place publique, à l'entrée d'un port,
parfois sur la borne d'un carrefour, je disais à des esprits
humbles qui ont soif de vérité la parole du Dieu. Et ceux-là
accueillaient la parole. Ils aimaient l'humble prêtre venu
de si loin pour leur apporter la loi de justice et de vérité.
Partout, dans toutes les colonies grecques ou phéniciennes,
parmi ceux qui adorent le feu et le cruel Moloch, en Egypte,
où une secte puissante de prêtres impies a voué un culte à
des animaux impurs, partout, au nom des dieux, j'ai livré le
bon combat, j'ai répandu à pleines mains la vérité. Après
moi d'autres viendront et d'autres encore.

Vous savez, hommes d'Athènes, dans quelles circonstances
Platon m'a rencontré en Sicile. Il m'a conduit vers vous et
je suis son hôte. A vous, les esprits les plus ingénieux et les
plus profonds que la Hellas ait enfantés, j'ai dévoilé les
arcanes de la doctrine de Vérité et de Vie. Bientôt, je conti-

nuerai ma route, j'irai droit devant moi, protégé par les
dieux, jusqu'au moment où l'ordre me sera donné de retourner dans mon île : là sera le repos et la récompense. O Platon ! sois assuré que mes prêtres et moi nous sommes ceux
que les dieux ont désignés pour conquérir le monde !

PLATON

Pour conquérir le monde !

Quelle chose étrange et admirable, mes amis, que le Discours ! Rien n'est plus capricieux ni plus rebelle à une règle.
Il s'échappe toujours de la voie qu'on lui a marquée. Les
poulains brisent les clôtures des prairies et vagabondent
jusqu'au moment où un écuyer habile a su les dresser et les
réduire à l'obéissance ; mais personne, à ma connaissance,
pas même mon vénéré maître Sokratès, n'a pu contenir le
discours des hommes. Que de détours il prend avant d'arriver au but !

Au nom de cette science nouvelle qu'il apporte, Eudoxos
s'est efforcé de montrer que l'âme de l'homme n'existait pas.
Selon lui, c'est une absurdité de soutenir qu'elle peut, après
la mort, entrer dans une vie nouvelle qui ne finira jamais.
Afin d'honorer ta mémoire, mon doux maître, j'ai répondu à
Eudoxos. J'ai dit en quel sens l'âme existait et quelles étaient
ses fonctions admirables. J'aurais dû, ensuite, m'appliquer
à vous persuader que l'âme des hommes était libre, capable
de choisir et d'accomplir un acte en pouvant choisir et
accomplir son contraire, et enfin qu'elle était immortelle.
Pour obéir aux lois de l'hospitalité, j'ai cédé la parole à
Aglaophamos, et l'exposition de ma doctrine reste inache-
vée. Elle ressemble à une maison dont les fondements sont
posés et qui attendrait encore une toiture.

KALLIKLÈS

La maison s'achèvera plus tard et nous l'admirerons, Platon, si elle est, comme je l'espère, harmonieuse et belle. Sois assuré pourtant qu'elle ne s'achèvera pas sans que tu combattes encore. Aurais-tu oublié que notre Antisthénès s'est engagé à nous démontrer que l'âme était incapable de se décider librement. Entendrons-nous tes arguments, Antisthénès?

ANTISTHÉNÈS

J'ai dit que je répondrais à Platon ; la question de la liberté de l'homme est la seule qui mérite d'être discutée.

KALLIKLÈS

Ce sera un beau combat et j'adresserai des éloges au vainqueur. Aujourd'hui, Aglaophamos a réduit son adversaire à la fuite, et je dis : gloire à toi, Aglaophamos !

Maintenant, ô chorège, ton devoir est de conclure et de conclure brièvement. La nuit avance à grands pas ; je parierais que, déjà, mon esclave favori est assis devant la porte de ma maison ; il attend mon retour, combinant dans son esprit les reproches qu'il devra m'adresser.

PLATON

Il ne suffit pas à Aglaophamos, mon cher Kalliklès, d'avoir vaincu un savant ; il vise plus haut et plus loin. Tu as entendu son dernier mot : il est celui que le dieu a désigné pour conquérir le monde !

KALLIKLÈS

Je l'ai entendu, Platon, et Antisthénès, lui aussi, l'a entendu.

PLATON

O Athéna, fille de Zeus-Père, protectrice de la cité, détourne de tes fils, ô déesse ! ce mal dont nous menace un étranger ! Autrefois, à une époque qui est loin de nous, des hommes venus de Thrace ont envahi notre patrie. Ils nous apportaient une loi semblable à celle que tu nous apportes, Aglaophamos. Ils voulaient l'imposer à nos ancêtres, de même que tu voudrais, aujourd'hui, nous imposer ta doctrine. Grâce à ton égide, ô déesse guerrière, nos ancêtres sont sortis vainqueurs de cette lutte : ils ont enseigné à leurs fils à penser librement. C'est que tu as donné à tous ceux qui t'ont voué un culte, ô bienfaitrice ! l'esprit libre et courageux contre lequel ne prévaudront jamais ni les arguments captieux, ni les menaces, d'où qu'ils viennent.

Des philosophes ont surgi du sol généreux de la Hellas, qui regardèrent, étonnés, l'écoulement et l'instabilité des phénomènes comme la grande énigme à résoudre. Et tant de solutions ont été apportées, qui sont si différentes les unes des autres, et pourtant si ingénieuses quelques-unes, qu'un homme de bonne foi, appelé à choisir, peut bien rester en suspens, hésitant longtemps avant de se décider et se demandant avec angoisse : où est la vérité ? Aglaophamos, tu as discuté aujourd'hui avec des hommes qui ont cherché la vérité, qui ont cru la découvrir et qui la cherchent encore. Kalliklès, il est vrai, se joue d'elle, qui se joue de lui, et Eudoxos n'a pas constitué encore cette science, dont l'évidence, si nous le voulons croire, s'imposera d'elle-même à toutes les intelligences. Antisthénès reste convaincu que tout dans l'univers, depuis nos pensées et nos désirs jusqu'au moindre tressaillement du plus infime des êtres, est réglé par la nécessité, mais il ne veut pas contraindre les autres à accepter ses croyances, il ne veut que nous persuader et nous convaincre par des arguments.

Autant de philosophes, Aglaophamos, autant de doctrines. Quelles que soient ton éloquence et la force de tes convictions, elles n'entameront jamais les convictions de tes

adversaires ; un philosophe, mon cher hôte, n'est jamais
converti par un autre philosophe. Nos croyances, vois-tu,
sont, pour chacun de nous, le meilleur de nous-même. Qui
les veut détruire nous veut détruire. On peut convertir des
incrédules plus facilement que des croyants. Comme toi,
nous sommes convaincus, et nous ne te reconnaissons pas
le droit que tu veux prendre de nous imposer ta doctrine,
pas plus que tu ne nous reconnais le droit de t'imposer les
nôtres. Eudoxos lui-même qui fonde sur la Science de si
belles espérances, ne prétend pas contraindre les hommes
à prendre les savants pour maîtres.

Veux-tu que je te dise, Aglaophamos, pour quelle raison
nous sommes quelques-uns à Athènes qui avons voué un
culte à la mémoire de Sokratès, et pourquoi, aujourd'hui,
nous sommes assemblés sous le platane d'Akadémos? Il
est pour nous le maître vénéré, celui qui a vécu pour ses
croyances et qui est mort pour elles; mais son plus beau
titre de gloire, à nos yeux, c'est qu'il nous a appris à interroger les autres, et surtout à nous interroger nous-mêmes.
Que de fois il nous disait avec cette grâce familière que
mon langage ne sait plus retrouver : « Il est un voyage que
chacun de nous peut faire, mes amis, sans qu'il lui en coûte
une obole, et, de tous les voyages, c'est celui qui nous offre
les spectacles les plus inattendus, les plus surprenants et
les plus beaux. Je veux parler du voyage au dedans de nous-
mêmes, dont l'objet est de nous découvrir, de nous connaître
et, par là, de connaître la vérité. » Faites ce voyage, nous
disait le maître, ensuite vous reviendrez vers moi. Vous
me direz exactement ce que vous avez vu et ce que vous
avez entendu, et encore ce qui sera resté pour votre intelligence dans une demi-obscurité. Nous examinerons ensemble si c'est la vérité que vous avez découverte, ou si
vous n'avez fait que le plus vain des songes.

Quand nous revenions vers Sokratès, fatigués du voyage,

pour lui raconter nos aventures, ce n'était jamais la vérité
que nous avions rencontrée. Et si nous nous plaignions
d'avoir fait un voyage inutile, le maître incomparable ajou-
tait dans un sourire : « Mon enfant, si tu nous apportais la
vérité, nous serions tout à fait coupables en nous refusant
à lui faire accueil ; il serait même inconvenant de vouloir
disputer à son sujet. Ne te plains pas, et comprends que
c'est déjà une joie très pure et très élevée de chercher la
vérité. L'espoir te reste, mon enfant, de la découvrir un
jour avec l'aide des dieux. » Ainsi parlait notre maître,
Aglaophamos, et nous l'aimions.

Le Démiurge, en créant l'homme, lui a confié cette mission de chercher la vérité. Il ne lui a pas remis la vérité
entre les mains. Il a dit : tu la chercheras. En dehors de
ces vérités de fait que nous n'osons pas nier, parce qu'elles
sont nécessaires à la vie, nous ne pouvons que chercher
la vérité. Nous essayons souvent de persuader aux autres
et de nous persuader à nous-mêmes que nous l'avons découverte, mais une preuve qu'elle n'est pas découverte,
c'est que nous la cherchons toujours.

Mon cher hôte, je suis vieux, et pourtant je voudrais vivre
quelques années encore. Il me semble qu'après avoir tra-
versé l'immense pays de l'erreur, en approchant du terme
de ma vie, j'approche davantage d'une vérité qui est belle.
Je voudrais vous la communiquer demain, si Athéna le
permet, ou plus tard, quand le moment sera venu d'achever
l'exposition de cette doctrine dont j'ai posé les assises.
Sera-t-elle autre chose, cette vérité qui me semble si belle,
que le rêve d'un vieillard qu'un fantôme a séduit ? Vous en
serez juges, mes amis. Mais dans aucun cas, dans aucune
situation, cette prétention ne pourrait être la mienne, que
la vérité que j'aurais découverte, si certaine qu'elle fût ou
qu'elle parût, dût jamais légitimement être imposée aux
peuples par la force.

L'asservissement de l'âme est une injustice, Aglaophamos.
Le Démiurge, en nous laissant libres de chercher la vérité,
nous a appris qu'il est injuste de vouloir l'imposer. Nous
savons la justice ; son commandement est inscrit en caractères ineffaçables au plus profond de notre cœur. Elle nous
ordonne, cette justice plus belle que l'étoile du soir, de
rendre à chacun ce qui lui est dû ; et ce qui est dû à chaque
homme, c'est le respect pour son âme. La vérité, mon ami,
ne saurait être contraire à la justice !

Il ne se peut pas, Aglaophamos, que le Dieu t'ait donné
cette mission de réduire en esclavage les âmes des hommes.
Comment serait-il possible que le Dieu fût le tyran des
âmes ? Le jour où il voudra que nous connaissions la vérité,
il voudra aussi que nous l'acceptions de bon gré. Pourquoi,
s'il nous était donné de la voir, refuserions-nous de la
reconnaître ? D'ici là, cherchons-la sans cesse et ne médisons
pas trop de cette faculté d'errer, grâce à laquelle la vérité
nous apparaît comme un bien qu'il faut conquérir.

AGLAOPHAMOS

Comment se peut-il, Platon, que tu en sois arrivé au
point de faire si peu de cas de la vérité en elle-même et de
sa possession ? Le doute est une maladie de l'âme, et tu
invites les hommes à douter.

PLATON

Je les invite à croire avec intelligence, dans leur liberté.

KALLIKLÈS

Douter, croire, cela se ressemble beaucoup ; simple question de nuances. Ce que l'on croit, on n'en est jamais bien
sûr.

PLATON

Ne prends pas garde, hôte très cher, aux plaisanteries de

Kalliklès, et reconnais avec moi ceci : qui doute reste en suspens ; qui croit affirme, mais tout en reconnaissant qu'il n'est jamais assuré de ne pas se tromper. Nous pouvons nous appliquer, en usant de toutes les ressources de la raison, à persuader les autres de l'excellence de nos croyances, nous n'avons pas le droit de les leur imposer. C'est contre cette prétention d'imposer aux hommes, au nom des dieux, une vérité que les dieux, dis-tu, t'ont révélée, que je m'élève avec force.

Aglaophamos, ta vigoureuse dialectique a vaincu Eudoxos ; tu as démontré au savant que la Science ne pourrait jamais procurer aux hommes le bonheur. Ce que deviendrait la vie pour l'homme, sans idée supérieure gouvernant la vie, sans les sentiments de piété, sans la contemplation du Divin, le beau mythe que tu nous as conté l'a mis en pleine lumière. Mais, vainqueur d'Eudoxos, ne te figure pas avoir vaincu la Science : la Science est au-dessus de toutes les attaques.

Par des méthodes qui lui sont propres, elle cherche les vérités secondes, différentes des vérités essentielles et fondamentales que le philosophe poursuit. Elle en découvre quelques-unes et nous rend ainsi d'inappréciables services. Il convient de la louer, Aglaophamos, afin de l'encourager à en découvrir d'autres. Si la géométrie ne conduit pas au bonheur, elle est utile et belle. J'ai eu dans mon école des éphèbes, venus des différents points de la Hellas, qui sont aujourd'hui l'honneur de leurs cités pour toutes les choses qui relèvent de la géométrie. Malgré son génie irritable et intolérant pour les idées qu'il n'entend pas, Eudoxos est sans doute celui de tous dont les découvertes honoreront le plus la mémoire dans la postérité.

Il ne faut pas combattre la Science, Aglaophamos, il faut l'aimer. A quiconque voudra l'empêcher de déployer sa libre énergie, elle pourra fièrement répondre : je cherche.

De quel droit lui interdirait-on de vouloir pénétrer la nature
des choses? Sa véritable fonction est de chercher des vérités.
Tantôt elle observe, elle analyse, elle scrute, réunit et classe
les observations, conclut le général; tantôt elle définit un
principe et tire les conséquences. Sans doute elle n'a pas à se
préoccuper des problèmes du Bien et du Mal : ils ne sont pas
de son ressort. Mais si la Science ne peut devenir ouvrière
de bonheur, elle reste du moins ouvrière de vérité et de
justice. C'est pourquoi, Aglaophamos, il appartient au philosophe, qui est aussi un savant, quoi qu'en pense Eudoxos,
et non pas au prêtre, comme tu le voudrais, de donner à la
cité les lois justes grâce auxquelles elle pourra se développer
sous le regard bienveillant des dieux. Que les prêtres enseignent aux hommes à comprendre les dieux et à les
aimer, qu'ils président aux sacrifices : ce sont là leurs fonctions, mais qu'ils laissent le soin aux philosophes de conduire la cité vers la justice. Instruit dans toutes les sciences,
habitué à réfléchir, le philosophe cherche le vrai et aime le
juste; il est naturellement désigné à ses concitoyens pour
être le gardien de la cité, le magistrat, le roi. Il est celui qui
enseigne la justice et qui la fait aimer. Les dieux, mon cher
hôte, nous ont donné à la fois la liberté et le sentiment de
la justice, afin que nous puissions avoir le mérite d'accomplir la justice. Une police imposée par des prêtres au nom
des dieux n'est pas la justice. Le Démiurge, en créant
l'homme libre, a décidé qu'il pourrait devenir l'arbitre de sa
destinée.

Je ne dois pas, mon cher hôte, examiner pas à pas les
différentes thèses qui constituent ta doctrine. Le rôle du
chorège est d'apprécier et de juger, non pas de discuter.
Parmi les idées que tu nous as apportées, il en est de belles
qu'on ne saurait trop méditer. Je veux parler des préceptes
qui sont relatifs à la justice dont l'observation est exigible:
d'autres ne me plaisent qu'à demi, d'autres enfin, me dé-

plaisent tout à fait. Jamais je ne reconnaîtrai que l'exercice des vertus puisse être obtenu par des règlements qui supprimeraient la liberté et le mérite et établiraient la tyrannie sur les âmes !

Tu nous as révélé non pas le dieu — il ne peut, s'il faut t'en croire, cesser d'être inconnu sans cesser d'être le dieu — mais ceci, que nous ne pouvions le connaître. Pourquoi dis-tu de l'être que tu ne peux en aucune façon connaître qu'il est le dieu et le créateur de tout ce qui est ? De l'inconnu on ne peut rien dire. Le dieu qu'il faut connaître avant les autres, Aglaophamos, c'est le Démiurge juste et bon qui a créé l'homme et le monde par amour.

Et maintenant, mon cher hôte, au nom de Sokratès mon maître vénéré, je condamne cette doctrine que tu as soutenue au nom du dieu inconnu : Le dieu, as-tu dit, a le droit d'imposer la souffrance à des innocents afin de racheter les fautes des coupables. Un tel dieu, s'il existait, ne mériterait pas notre respect. Mais je reconnais que cette difficulté est la plus redoutable de celles que les philosophes ont à examiner : D'où vient le mal ? Pourquoi le mal ? Que n'es-tu parmi nous, ô mon maître ! afin de nous donner, sinon le mot de l'énigme, du moins une méthode pour l'aborder. Il faudra pourtant que nous l'examinions, quand viendra l'heure, après avoir invoqué la sage Athéna et Zeus, père de la justice.

KALLIKLÈS

Tes paroles, Platon, me causent une joie profonde. C'est la première fois, depuis tant d'années que nous discutons, que nous sommes du même avis. Remarque, je te prie, que, le premier, j'ai déclaré à Aglaophamos que si c'est un dieu qui a fait souffrir Glaucon, je ne voudrais pas être ce dieu. Voici donc la première fois que Platon n'a pas contredit à la parole de Kalliklès ! Demain, pour célébrer cet heureux événement, je ferai brûler de l'encens sur l'autel d'Apollon.

Je serais toujours de ton avis, mon cher Kalliklès, si tu parlais toujours selon la justice.

Un mot encore, Aglaophamos. M'autorises-tu à dire toute ma pensée au sujet de ce pouvoir étrange que tu t'attribues, de faire perdre, par la puissance de ton regard, le sens et même la personnalité aux enfants et aux hommes, afin que, soumis et domptés, ils partagent tes convictions?

Parle.

Tu es, Aglaophamos, ta première victime. L'idée que tu te fais de ton regard qui fascine les autres t'a fasciné toi-même, et tu t'es imposé la conviction que tu étais, sur la terre, le messager des dieux. Prends garde qu'un fatal démon ne te pousse : tu es prêt, dis-tu, à sacrifier, s'il le faut, les autres et toi-même à tes desseins. Existe-t-il, chez les Barbares, une contrée où tu puisses réussir dans ton entreprise? Le troupeau est grand de ceux qui ne demandent qu'à obéir, qui réclament un maître; mais les peuples sont déjà les esclaves d'autres coutumes et d'autres croyances; tu trouveras, toujours, pour s'opposer à la réalisation de la fin où tu tends, des hommes au cœur généreux qui, conscients de leur dignité, ne te reconnaîtront pas le droit de leur faire la loi. Si tu parviens, en quelque lieu, à conquérir des partisans, tu rencontreras en même temps de vives résistances et tu soulèveras des colères. Ce n'est pas la paix, Aglaophamos, que tu apporterais aux hommes si, décidément, tu étais un de ces fanatiques, d'abord inconnus du monde entier, dont la doctrine, à l'étonnement des sages, se répand comme un incendie sur la Terre; c'est une guerre qui diviserait les peuples et dont nul ne pourrait prévoir la fin!

AGLAOPHAMOS

Mais...

KALLIKLÈS

Le chorège a parlé, mon ami, et le règlement qui est sage
et qui exige, lui aussi, qu'on lui obéisse, t'interdit de répli-
quer. Si tu répondais à Platon, le Discours ne finirait point.
Il est nécessaire que le Discours finisse, parce qu'il est nécessaire que je retourne à Athènes. Hélios est couché depuis
longtemps et nous sommes encore assis sous le platane. Les
uns après les autres les astres s'allument dans le ciel ; à
peine si je peux voir encore les formes délicates du divin
Éros qui s'élève à deux pas de nous. Résigne-toi, subis le
jugement de Platon. Il faut bien que je me résigne, quand
Platon m'adresse des reproches. C'est le privilège du chorège de parler le dernier, et ce privilège est précieux ; tu
dois t'en rendre compte, toi qui es habitué à parler en
maître. Aujourd'hui, obéis au règlement.

AGLAOPHAMOS

Je me rends à vos usages, Kalliklès, mais les raisons
qu'oppose Platon à la mission sainte que les dieux m'ont
confiée n'ont aucune valeur. Il faut qu'un jour les hommes
obéissent au Dieu.

KALLIKLÈS

C'est ton droit de le croire, mon ami, mais soumets-toi au
règlement.

Platon, je ne veux pas que tu penses de moi que je suis le
seul Athénien qui n'ait pas imaginé une doctrine au sujet du
Souverain Bien. Et ma doctrine est belle. Pourquoi souris-
tu quand je dis qu'elle est belle ? Je démontrerai demain
que l'art, créateur de toute beauté et de toute harmonie, est
l'unique ouvrier du bonheur des hommes.

PLATON

Nous l'écouterons, mon cher Kalliklès.

Demain, ô mes amis, quand Hélios aura rempli la moitié
de sa course, nous nous retrouverons sous le platane sacré
pour entendre Kalliklès. Aréta, fille d'Aristippos, qui doit
rentrer cette nuit de Mégare, sera des nôtres. Elle est,
ô Kalliklès! un adversaire redoutable.

KALLIKLÈS

Je le sais, Platon, j'ai souvent discuté avec elle.

PLATON

Et souvent aussi, sans doute, tu as été vaincu.

KALLIKLÈS

Qui ne serait vaincu, Platon, par la belle et sage Aréta?

Paris. — L. Maretheux, imprimeur, 1, rue Cassette.